굿바이 카뮈

삶의 의미를 찾는 시지프스의 생각 여행

굿바이 카뮈

삶의 의미를 찾는 시지프스의 생각 여행

개정판

이 윤 지음

P 필로소픽

차례

프롤로그

2010년 가을 어느 날, 하버드대학 캠퍼스에서 한 사내가 총으로 스스로 목숨을 끊었다. 그의 이름은 미첼 헤스먼Mitchell Heisman(35세), 가족들은 그의 자살을 예상하지 못했고 우울증 증세도 없었다 한다. 수년간 구체적으로 계획한 것으로 알려진 그의 죽음이 다른 자살 사건과 다른 점이 있다면 그것이 철학적 자살이었다는 점이다. 그는 자신의 자발적 죽음을 정당화하는 철학적 추론을 총 1,900여 장에 달하는 PDF 문서로 남겼다. 이 철학적 유서의 제목은 '자살노트Suicide Note'였다. 자살 전 그는 이 문서가 가족과 친구들에게 이메일로 예약 전송되도록 설정해놓았는데, 이 유서에는 다음과 같은 내용이 적혀 있었다.

이제 나의 머리를 날려버리기 전에, 나는 이 작업의 가장 근본적인 이슈가 니힐리즘Nihilism이라는 점을 지적하고 싶다. 궁극적으로 이것은 니힐리즘에 대한 하나의 실험이다. 모든 언어, 모든 생각 및 모든 감정은 하나의 핵심 문제로 귀결된다. 그것은 바로 인생은 무의미하다는 것.

언론 보도에 따르면, 그의 사상적 바탕에는 독일의 '허무주의 철학자' 니체가 있었던 것으로 보인다. 그는 5년 전부터 이 책을 쓰기 시작하였으며, 친구들에 따르면 그에게는 책을 쓰는 것이 밥 먹는 것보다 중요했다 한다. 하루에 12시간 이상을 글 쓰는 데 매달렸으며 여자친구를 사귈 시간조차 없었다고 했다. 그의 고향은 뉴저지. 그는 열두 살 때 아버지를 잃었다. 어머니와 누나 말로는 부친의 죽음 이후 니힐리즘에 빠져든 것 같다고 했다. 겉으로는 아무런 문제점을 발견할 수 없었고, 할머니 생일에는 축하 전화도 잊지 않았다 한다. 뉴저지를 떠나 뉴욕에서 대학교를 다닐 때도 도서관에서 아르바이트를 하며 책을 읽었고, 보스턴으로 온 이유도 도서관이 많다는 이유였다. 유대인 명절인 10월 26일 오전 10시경 아침식사를 마치고, 하얀 턱시도, 하얀 양말, 그리고 하얀 구두로 말끔히 차려입은 그는 3년 전에 산 총을 주머니에 넣고 하버드대학으로 발걸음을 향했다. 집을 나서기 전 그는 룸메이트에게 이제까지 자신이 잘못한 게 있다면 고의가 아니니 용서해달라는 말을 남겼다고 한다.

이 책의 목적은 가끔 우리를 심란케 하는 질문, 또는 미첼 헤스먼처럼 명민하고 건강해 보이는 청년을 실제 자살로까지 이끈 치명적 물음, 즉 '인생은 과연 무의미한가?'라는 질문에 대해 철학적으로 답변해 보고자 하는 것이다. 이 책의 예상 독자는 현재 삶의 의미에 대해 의문을 품고 있거나 한때나마 의문을 품어 본 사람일 것이다. 하지만, 어쩌면 이 책의 독자는 일본의 작가이자 정신과 의사인 가미야 미에코神谷惠子가 《삶의 보람에 대하여》에서 대상으로 삼았던 다음의 독자들, 즉 위로와 부축이 절실히 필요한 사람들과는 별

로 겹치지 않을지도 모른다.[1]

별일 없이 평온한 매일을 보내는 사람은 상상조차 하기 어려운 일
일지 모르지만, 세상에는 매일 아침 눈을 떴을 때 잠에서 깼다는 사
실 자체가 견딜 수 없이 두려운 사람들이 있다. '아, 오늘도 하루를
살아내야 하나' 하는 생각에 몸을 일으킬 힘도 나지 않는 사람들. 참
을 수 없는 고통과 슬픔, 몸이 잘려나가는 듯한 고독과 외로움과 끝
없는 허무와 권태를 느끼면서 자신에게 '왜 살아야 하나, 무엇 때문
에…' 묻지 않을 수 없는 사람들. 가령 완치가 어려운 병에 걸린 사
람, 소중한 사람을 잃은 사람, 모든 것을 걸고 노력했던 일이나 이상
에서 좌절을 맛본 사람, 자신이 저지른 죄로 고통받는 사람, 홀로 인
생의 뒷골목을 걷는 사람들.[2]

미첼 헤스먼은 허무주의자였지만 결코 우울증에 걸려 고독과 좌
절에 빠진 나약한 개인은 아니었다. 그는 큰 병에 걸렸거나, 실직을
했거나, 연애에 실패했거나, 가족을 잃었거나 등등의 이런저런 사연
때문에 절망에 빠진 '귀납적인' 허무감이 아니라, 삶이 원초적으로
무의미하다는 단 하나의 대전제로부터 출발하는 '연역적인' 허무감
을 품고 있었기 때문이다. 이것은 일종의 신념에 가까운 철학적 불
치병이라 용기와 희망을 북돋워주는 따뜻한 위로의 말 한마디나 하
느님의 따뜻한 품속 같은 종교적 위안으로는 별 도움이 되지 않는다.
어쩌면 그의 자살은 절망에 빠진 사람의 최후의 선택이 아니라 (정치
적이면서 종교적인) 이유 때문에 결가부좌로 분신 자살을 했던 베트

남 승려 틱광둑釋廣德의 모습에 더 가까운 것인지도 모른다. 다만 그 명분이 정치가 아니라 철학이라는 점이 다를 뿐.

　삶이 의미 있는지 또는 무의미한지를 따져보는 데 있어 나는 현실 세계로부터 시작하는 경로를 택하지는 않으려 한다. 현실 세계는 너무도 많은 목적과 가치들이 복잡하게 뒤섞여 있어서, 현실에 대한 분석에서 이야기를 시작할 경우에는 길을 잃고 미로를 헤매기 십상이기 때문이다. 마치 아이들이 마구 엉클어놓은 장난감 방에서 작은 조립식 자동차로부터 떨어져나간 플라스틱 조각 하나를 찾아내야 하는 듯한 막막한 느낌이랄까? 그래서 나는 복잡한 현실 세계에서 출발하는 대신, 거꾸로 삶의 의미가 존재하지 않는 '의미의 진공 상태'를 초기 조건으로 설정해놓고 시작하는 전략을 선택하고자 한다. 원초적으로 무의미한 단순한 세계를 상정하고 이로부터 논의를 전개하는 방식은 우리 삶에 과연 의미가 존재하는지, 존재한다면 그것이 무엇인지를 보다 선명히 드러내 보일 수 있을 것이라 생각된다. 마침 우리 모두가 익히 알고 있는 시지프스의 전설이 이러한 목적에 알맞은 무의미의 사례를 제공하므로 이로부터 이야기를 풀어가도록 하겠다.

일러두기
이 책의 1~3장에서 별도의 출처가 없는 인용문은 리처드 테일러Richard Taylor
의 《선과 악Good and Evil》 18장 〈삶의 의미The Meaning of Life〉 256~268쪽
에서 인용한 것임.

1

인생은 과연 무의미할까?

나는 내가 어디에서 왔는지 모른다. 나는 내가 어디로 가는지 모른다.
나는 왜 내가 존재하는지, 내가 어떤 소용이 있는지도 모른다.
단 하나 확실한 것은 내가 곧 죽을 것이라는 사실이다.
그러나 내가 가장 모르고 있는 것은 바로 그 죽음이다.
– 도스토옙스키

1. 카뮈 _ 아무것도, 아무것도 중요하지 않다

인생의 무의미함을 가장 설득력 있게 묘사한 작가는 알베르 카뮈다. 그는 미첼 헤스먼의 니힐리즘적인 자살이 일어나기 수십 년 전에, 이미 삶의 부조리함과 그것의 논리적 귀결로서 철학적 자살의 가능성을 제기했던 선구자이기도 하다.[1] 예전만큼은 아니겠지만 아직도 많은 젊은이들이 카뮈를 통해 허무주의에 입문한다. 옥스퍼드대학의 철학 교수인 리처드 헤어Richard Hare는 〈중요한 건 아무것도 없다Nothing Matters〉라는 논문에서 자신의 집에 잠깐 묵었던 스위스 출신 학생의 흥미로운 사례를 소개한 바 있다. 그는 개신교 집안의 신앙심 깊은 학생으로, 매우 밝고 건장한 열정적인 18세의 청년이었다. 헤어의 아내는 그 학생을 위해 침대 머리맡에 프랑스어로 된 시집과, 루소의 《고백록》, 카뮈의 《이방인》을 놓아두었다고 한다. 그런데 일주일쯤 지나 이 즐겁고 명랑해 보이던 학생이 갑자기 심각한 얼굴로 담배가 없느냐고 물어서 헤어 부부를 깜짝 놀라게 했다.

그때까지 담배를 피우지 않았던 그는 자기 방에 들어가서 한 개비 한 개비씩 계속해서 담배를 피워댔다. 점심 식사 시간에 내려와서는 한마디도 하지 않았고, 저녁 시간에도 거의 먹지 않은 채 산책을 다녀오겠다고 했다. 나중에 알았지만 그 학생은 세 시간 정도 포트 메도Port Meadow 주변을 배회했다고 한다. … 우리는 이때쯤 그가 무슨 생각을 하고 있는지 걱정이 되어, 밤 11시쯤 그가 돌아왔을 때 안락의자에 앉아 무슨 걱정거리가 있는지 물어보았다. 그 학생은 카뮈의 소설을 읽고 있었던 걸로 보였는데, '세상에 아무것도 중요한 건 없다'는 확신을 가지게 된 듯했다.[2]

헤어는 옥스퍼드에서 수많은 학생을 겪었지만 이런 경우는 처음이었고, 카뮈의 소설이 이 청년에게 거의 폭력에 버금가는 영향을 미친 것이 확실하다고 결론을 내렸다. "아무것도, 아무것도 중요하지 않다Rien, rien n' avait d' importance"라는 허무주의의 제1명제에 일단 감염이 되고 나면, 이처럼 멀쩡하던 옥스퍼드대학생도 갑자기 모든 것이 무의미해져서 학업을 포기하겠다는 어처구니없는 선택을 하게 될 수도 있는 것이다. 필자 역시 십대 시절에 뫼르소라는 무심한 캐릭터에 상당히 열광(?)했던 적이 있기 때문에 그 심정을 조금이나마 이해한다. 헤어는 분석철학적 상담을 통해 그 청년을 사로잡은 '아무것도 중요하지 않다'는 생각의 의미를 명료하게 이해시킴으로써 그 학생을 카뮈의 마수로부터 구원할 수 있었다고 보고하고 있다.

그런데 세상에 중요한 건 아무것도 없다는 독특한 사고방식 때문에 사형을 당하게 되는《이방인》의 주인공 뫼르소와는 달리, 아이러니컬하게도 카뮈 자신은 매우 의미 있는 삶을 살았던 것으로 보인다. 노벨상을 받을 정도로 문학사에 길이 빛날 탁월한 업적을 남겼고, 제2차 세계대전 중 레지스탕스 운동에 투신하는 대의명분에도 참여하였다. 게다가 여러 미모의 여배우들과 바람을 피우며 육체적 쾌락에도 소홀함이 없었다. 무의미함을 인생의 화두로 삼았던 작가의 삶이 이처럼 풍요롭고 의미 있을 수 있다는 건 삶의 의미라는 문제가 지니는 역설이기는 하지만 모순은 아니다. 나중에 보게 되겠지만, 이 세계는 무의미하며 인생은 살 만한 가치가 없다는 허무주의적 전제로부터 반드시 절망적인 결론이 도출되는 것은 아니기 때문이다.

카뮈는 삶의 부조리함을 보이기 위해 소설 《이방인》을 썼고, 《이방인》을 해설하기 위해 시지프스 신화를 끌어들였다. 하지만 부조리 체험에 대한 가슴 저미는 유려한 묘사와는 달리, 부조리한 운명에 대해 영웅적으로 반항할 것을 해법으로 내세운 그의 '문학적' 접근 방식은 철학과 출신답지 않게 별로 논리적이지는 못했다. 빼어난 문장력만으로 해결하기에 인생의 문제는 너무 버거웠던 것일까? 이 책에서는 무의미한 삶의 대명사 시지프스를 통해 인생이 과연 카뮈가 묘사한 것처럼 무의미한 것인지, 그리하여 미첼 헤스먼의 선택이 참인 대전제로부터 올바로 도출된 타당한 결론이었는지를 살펴보려 한다. 만일 그들의 생각이 옳지 않다면 삶의 의미는 어떻게 가능한지, 또 그 내용은 어떤 것인지에 대해서도 알아볼 필요가 있다.

다행스럽게도 시지프스와 관련해서 카뮈와는 다른 접근 방식을 취한 연구자가 있었다. 미국의 철학자 리처드 테일러Richard Taylor다. 테일러는 자신의 저서 《선과 악Good and Evil》의 마지막 장章을 할애해 시지프스 신화를 소재로 인생의 의미에 대해 매우 독창적이고 기발한 철학적 사고실험을 전개한 바 있다. 우리는 이 책의 전반부에서는 테일러가 닦아놓은 '의미의 오솔길'을 따라가면서 삶의 의미

또는 무의미가 드러나는 풍광을 (약간은 비판적으로) 감상하도록 하겠다. 이 과정에서 길이 끊기거나 희미한 곳, 잘못 안내된 곳이 나오면 안내지도를 수정해가면서 삶의 의미를 향한 생각의 여행을 하도록 하자. 그리고 후반부에서는 테일러가 탐색한 의미의 산책로를 넘어 좀 더 커다란 봉우리로 이어지는 우리만의 트레킹 코스를 새롭게 개척해보려 한다.

필자는 삶의 의미를 향한 등반에서 애매함과 화려함이 혼재하는 문학적, 미학적, 감성적, 구체적인 계곡 코스보다는, 철학적 명료함에 중점을 두고서 약간은 무미건조할 수 있는 암산岩山의 능선 코스를 택해 의미를 탐색하려고 한다. 일부 독자는 산행 도중에 "이 산이 아닌게벼?" 하면서 서둘러 발길을 돌려 하산할지도 모르겠다. 어쩌면 인생이 무의미하다는 주장은 사실에 대한 객관적 기술이라기보다, 상황에 대한 주관적 감정 판단에 가까운 것이기 때문에 이성적, 논리적으로 접근하는 방식이 어떤 이에게는 적합하지 않다고 느껴질 수 있기 때문이다. 예를 들어 '살아 있는 동안에는 죽음을 경험할 수 없고, 죽은 다음에는 두려움을 느낄 주체가 없기 때문에 죽음이란 전혀 두려운 일이 될 수 없다'는 에피쿠로스의 죽음 논증은 이성적으로는 전혀 흠잡을 데 없지만, 죽음에 대한 우리의 두려움을 경감하는 데는 전혀 도움이 안 되는 대표적인 경우다. 하지만 그럼에도 불구하고, 감각에 호소하는 화려한 가이드 역할은 카뮈 같은 탁월한 스타일리스트들의 몫으로 남겨두고, 이 책에서는 이성의 나침반만으로 산의 등뼈를 밟으며 전체 풍경을 조망해보는 것으로 만족하고자 한다.

2. 시지프스 _ 원초적 무의미

코린토스의 왕이었던 시지프스는 신들을 기망한 죄로
커다란 바위를 산꼭대기로 굴려 올리는 형벌을 받는다. 문제는 이 바
위가 자체의 무게로 인해 산꼭대기에 올려놓는 순간 다시금 산비탈
아래로 굴러 떨어진다는 것. 그리하여 신들의 형벌을 수행한다는 것
외에는 별다른 목적이 없는 이 고통스럽고 무의미한 노동이 영원히
계속돼야 한다는 것이다. 카뮈는 이 기괴한 지옥에 떨어진 시지프스
의 모습을 다음과 같이 묘사한다.

경련하는 얼굴, 바위에 밀착한 뺨, 진흙에 덮인 돌덩어리를 떠받치
는 어깨와 그것을 고여 버티는 한쪽 다리, 돌을 되받아 안은 팔 끝,
흙투성이가 된 두 손 등 온통 인간적인 확신이 보인다. 하늘 없는 공
간과 깊이 없는 시간으로나 헤아릴 수 있는 이 기나긴 노력 끝에 목
표는 달성된다. 그때 시지프스는 돌이 순식간에 저 아래 세계로 굴
러 떨어지는 것을 바라본다. 그 아래로부터 정점을 향해 이제 다시
돌을 끌어올려야만 하는 것이다. 그는 또다시 들판으로 내려간다.[3]

이 신화의 광경에서 가장 먼저 눈에 띄는 것은 고통스러운 노동
이다. 프란츠 폰 슈투크Franz von Stuck의 그림에 묘사된 바위의 크기

〈시지프스〉, 프란츠 폰 슈투크, 1920

와 산의 경사를 볼 때, 아마도 보통 사람이라면 오래 못 가서 골병이 날 것으로 보이는 힘겨운 육체노동이다. 그런데 이 고통의 끝에는 아무런 결과가 없다는 사실이 사람을 더욱 좌절케 한다. 뼈 빠지게 일한 결과로 얻는 것은 아무것도 없다. 현대판 시지프스라고 불리기도 하는 프롤레타리아도 자본가에게 넘겨줄망정(마르크스의 노동 소외) 노동의 생산물이라는 결과는 있다. 그것이 나중에 노동자가 '주인과 노예의 변증법'을 통해 스스로를 해방할 수 있는 단초가 된다. 하지만 우리의 시지프스에게는 아무것도 없다. 목적도, 결과도, 변화도, 희망도 없다. 심지어 절망조차도 없는 것처럼 보인다. 상황을 반전시킬 어떠한 계기도 보이지 않는다. 그것이 이 노역의 광경을 더욱 암울하고 부조리하고 그로테스크하게 비치도록 한다.

3. 시지프스의 삶 vs 인간의 삶

우리는 시지프스를 무모하게 신들에게 반항했다가 모진 형벌을 받은 예외적으로 불운한 존재로 여기는 경향이 있다. 일상 생활에서 다양한 목표를 추구하고 그 결과를 얻고(못 얻기도 하지만) 그 속에서 행복(또는 실망)을 느끼며 다채롭게 사는 평범한 우리들과는 다른 삶을 사는 특이한 존재쯤으로 생각하는 것이다. 마치 탈옥이 불가능한 악명 높은 감옥에 갇혀 고통과 좌절을 겪고 있는 죄수의 모습을 극한적으로 표현한 모습이랄까? 성실한 직장인이나 신의 명령에 순종하는 종교인이라면 당연히 그러한 형벌과는 무관한 안정적이고 은혜로운 삶을 살 수 있으리라 기대할 것이다.

하지만 과연 우리가 보는 그대로일까? 어쩌면 시지프스는 혼자서 신들의 천형을 떠안은 예외적 존재가 아니라, 존재 일반의 생존 양식을 은유하고 있는 것이 아닐까? 그리하여 모든 인간의 모습이 사실은 시지프스를 닮아 있는 게 아닐까? 아니 어쩌면 인간뿐 아니라 모든 생명들이 살아가는 풍경 또한 종국에는 시지프스와 유사한 것이 아닐까? 만일 시지프스의 삶이 무의미하다면 모든 인간과 모든 생명의 삶 또한 그러하다고 봐야 하는 것이 아닐까? 그리하여 거꾸로 인간 삶이 유의미하다는 것을 증명하려면, 먼저 시지프스를 무의미로부터 구원해야 하는 것이 아닐까?

4. 시지프스의 삶이 무의미한 이유는?

시지프스의 노동이 고통스럽기는 하지만, 고통 때문에 그의 삶이 무의미하다고는 할 수 없다. 육체적 한계를 넘나드는 고통으로 치면 마라톤보다 심한 경기가 없을 것이다. 하지만 아무도 마라톤이 고통스럽다는 이유로 마라톤 선수의 삶이 무의미하다고는 하지 않는다(심지어 이 고통스런 마라톤 경기에서 불명예스럽게 꼴찌를 한 선수의 삶도 그것으로 인해 무의미해지는 것은 아니다). 시지프스가 먹을 게 없어서, 비바람을 피할 집이 없어서, 찢어지게 가난해서, 불치병에 걸려서, 또는 우울증에 빠져서 그의 삶이 무의미한 것도 아니다. 신화에는 그러한 디테일까지 그려져 있지는 않지만, 신들이 그렇게까지 치졸한 보복을 고안한 것 같지는 않다.

시지프스의 노동이 무의미한 첫번째 이유는 고통 때문이 아니라, 고통에도 불구하고 전혀 가치를 생산하지 못하기 때문이다(물론 가치를 생산하지 못하는 활동이 다 무의미한 것은 아니다. 예를 들어 놀이 같은 활동은 별다른 가치는 없어도 유의미할 수 있다). 다음으로 생각해볼 수 있는 이유는 노동의 무목적성이다. 바위 굴리기라는 일에는 (내재적인) 목적이 없다. 신들의 형벌을 집행한다는 외적인 목적은 있지만, 시지프스의 의지와는 무관한 목적일 뿐이다. 이러한 무목적성에 더하여 남이 시킨 일을 한다(즉, 자발적이지 않다)는 측면, 변화나 성장이 없이 영원히 같은 일을 반복한다는 지겨움의 요소, 함께하는 친구가 없다는 외로움 등등이 결합되어 총체적인 무의미를 만들어내는 것으로 보인다.

그렇다면 이러한 원초적 무의미로부터 시지프스가 탈출할 방법은 과연 없는 것일까? 이제부터 리처드 테일러의 사고실험을 좇아 삶의 의미의 가능성을 탐색해보기로 하자. 테일러는 "아무리 지겹고 고통스러워도 아무것도 이루지 못할 이 무의미한 생을 끝장내버릴 죽음조차 기대할 수 없"는 시지프스의 삶이 어떻게 무의미로 부터 벗어날 수 있는지 면밀히 따져본다.

시지프스는 어떻게 이 무의미로부터 벗어날 수 있을까? 두 사람이 함께 바위를 굴리면 어떨까? 아니 바위 대신에 커다란 보석 덩어리를 굴린다면 상황이 나아질까? 한 사람이 가깝거나 먼 곳의 한 지점까지 보석 덩어리를 옮기면, 다른 사람이 받아서 다시 원위치에 옮겨 놓는다. 그리고 이 과정이 무한 반복된다. 이 반복되는 릴레이에서 어떤 것도 이기는 것으로 간주되지도 않으며, 게임은 끝나지 않는다. 오로지 자기 반복만이 계속된다. 어떻게 해도 원초적 무의미에서 벗어날 수 없다.

이 그림에서 우리를 절망케 하는 것은 무엇인가? 이 작업을 하는 이들이 어떤 고문이나 고통을 겪어서가 아니다. 그들의 노동이 힘들어서 그런 것도 아니다. … 이들의 존재 자체가 어떤 의미도 없기 때문이다. 시지프스가 무거운 바위가 아니라 가벼운 조약돌 하나를 옮기는 그림을 그려봐도 마찬가지다. 노동이 쉬워진다고 의미가 생겨나지 않는다. 바위가 크건 작건 올라갔다 굴러 내려오는 과정이 반복되는 것은 똑같다. 행위로부터 아무것도 나오지 않으며, 이 작업에는 목적이 없다. 올라갈 때마다 다른 바위를 옮긴다 해도 상황이 바뀌지는 않는다.

테일러는 시지프스가 처한 환경의 변수들을 하나씩 바꿔가며 이리저리 의미를 찾을 구석을 모색해보지만, 모든 출구가 막혀 있는 듯 보인다. 마치 나치 수용소에서 여러 유대인들을 자살케 만들었다는 흙더미 옮기기 작업에 관한 이야기를 떠올리게 만든다. 유대인 수감자들에게 부여된 일은 한쪽에 높게 쌓인 흙더미를 다른 쪽으로 옮기는 것이었다 한다. 하루에 끝나는 일인지 며칠이 걸리는 일인지까지는 알려지지 않았다. 하지만, 일단 흙더미를 다른 쪽으로 다 옮기고 나면 다시 원래 위치로 옮겨야 한다. 이 힘겹고 지루한 작업의 목적은 '아무것도 없다!' 아마 작업 중간에 기분 전환이라도 하려고 옆 사람과 잠깐 이야기를 하려 치면 독일군 감시병들이 개머리판으로 가차없이 내려찍었을 법한 장면이 연상된다. 이렇게 며칠을 지속하다 보면 수감자들이 점점 희망과 의욕을 잃고 정신적, 육체적으로 쇠약해지다가 한 명씩 죽어가거나 무의미를 견디지 못하고 자살한다고 했던가. 실화인지 현대판 도시 전설인지 알 수 없다. 하지만 나치들이 스스로 그리스 신화 속의 신들이라도 된 듯한 기분을 느끼기 위해 유대인들을 대상으로 '시지프스 생체실험'을 자행한 것이 아닐까 싶을 정도로 두 이야기 사이에 유사성이 느껴진다. 물론 끝까지 살아남은 유대인들은 독일군의 패배와 함께 수용소에서 해방될 수 있었지만, 시지프스에게는 외부의 힘에 의한 구원의 희망은 가능하지 않다. 그렇다면 시지프스의 삶을 의미 있게 만들 수 있는 방법은 정말 없을까? 이 기괴한 무의미의 지옥으로부터 '프리즌 브레이크'는 불가능하다는 말인가? 더구나 시지프스는 나치 수용소의 유대인과 달리 죽을 수도 자살할 수도 없는 운명이 아닌가?

2
시지프스 구하기

"나는 왜 이 세상에 나왔을까?"라고 자신에게 물을 때,
그 사람은 모든 인간 중에서 가장 불행하다고
나는 생각한다.
– **나폴레옹**

인생이란 욕망을 충족시키기 위한 투쟁과
그것이 만족되었을 때 엄습해 오는 권태 사이에서
마치 시계추처럼 왔다갔다할 뿐이다.
– **쇼펜하우어**

리처드 테일러는 시지프스의 탈옥 방법을 이리저리 궁리하고 모색한 끝에, 마침내 그의 삶에 의미를 부여할 수 있는 후보 둘을 착상해낸다. 그것은 바로 객관적 가치와 주관적 만족이라는 돌파구다 (객관적 가치와 주관적 만족이라는 용어는 테일러의 용어는 아니고 필자가 편의상 붙인 것이다). 이를 하나씩 살펴보자.

1. 객관적 가치

하지만 만일 시지프스가 올려놓은 바위가 다시 굴러 떨어지지 않는다면? 산 위에서 건축되어 아름답고 견고한 신전이 만들어진다고 가정하면? 그러면 앞서 그림에서의 무의미함은 사라진다. 그의 노동은 그제서야 목적을 가지며, 작업의 결과물이 산출된다. 물론 이것만으로 시지프스의 노동과 삶이 다 보상된다고 할 수는 없겠지만,

최소한 그의 삶이 전적으로 무의미하다고는 할 수 없게 된다. 이제 서야 삶의 의미가 모습을 드러내기 시작한 셈이다.

테일러가 생각해낸 첫번째 의미의 원천은 아름답고 견고한 신전이라는 노동의 목적이자 가치의 생산물이다. 산꼭대기에 올려놓자마자 굴러 떨어지는 바위와 달리 여기서는 노동의 구체적 결과물이 나타나고, 그것을 향유할 수 있는 기회를 얻고 있다. 원래의 풍경을 지배하던 무목적성이라는 암울한 안개가 다소 사라지면서 의미의 모습이 서서히 떠오르는 듯하다. 여기서 눈여겨봐야 할 점은 신전이 '추하고 금세 무너지는' 것이 아니라 '아름답고 견고한' 신전이라는 사실이다. 추한 신전이라면 객관적 가치가 없을 것이고, 금세 무너지는 신전이라면 덧없는 것이며, 객관적 가치가 없고 덧없는 것은 무의미하기 때문일 것이다.

테일러의 논의는 '삶의 의미'의 '의미'를 명확히 정의하지 않고 보통 사람의 직관에 호소하면서 논리를 전개하고 있는 약점이 있다. 하지만 아주 까다롭고 회의적인 철학자가 아니라면 목적과 방향이 설정되고 그 목적이 실현됨으로써 '일정 기간 지속되는 중요한 성취와 완성이 이루어졌을 때', 즉 객관적 가치가 산출되었을 때 삶의 의미가 가능하리라는 데 크게 반대하지는 않을 것이라 본다.

그런데 테일러는 우리들의 흔쾌한 동의에도 불구하고 잠시 뒤에 가서는 삶의 의미의 원천으로서 객관적 가치의 정당성을 뒤집는 배신의(?) 논리를 편다. 이 부분은 나중에 살펴보기로 하고 우선은 주관적 만족이라는 두 번째 의미의 원천으로 넘어가자.

2. 주관적 만족

시지프스를 무의미로부터 구원할 수 있는 두 번째의 가능성으로 탐색되는 것은 바로 본능적 욕망과 그것의 충족이다.

신들이 시지프스에게 같은 방식으로 형벌을 내리지만, 약간 생각을 바꿔서 '변태적으로' 자비롭게도 그에게 어떤 이상하고도 비합리적인 충동, 즉 바위를 굴려 올리는 본능을 심어놓는다고 가정하자. 이것을 변태적이라고 보는 이유는 객관적으로 봤을 때 바위를 굴려 올리는 일 자체는 어떤 가치가 있는 것이 아니며, 합리적 이유가 결여되어 있기 때문이다. 그럼에도 불구하고 시지프스는 그러한 본능을 가지고 있고, 그 본능은 바위를 굴려 올림으로써만 충족되므로, 그는 바위를 산 위로 굴려 올리고, 바위가 굴러 내리자마자 쉬지도 않고 또 굴려 올린다. 그것도 기꺼이, 매우 즐거워하면서 말이다.

이 덧칠한 그림에서 신들이 시지프스가 원하는 것을 형벌로 준 것인지, 아니면 형벌의 내용을 소원하도록 그의 머리를 살짝 돌게 만든 것인지는 불분명하다. 외부의 시선으로 보면 이전과 달라진 것은 없다. 단지 같은 일을 하는 시지프스의 표정이 오만상으로 찌푸린 얼굴에서 이상하게도 즐거운 표정으로 바뀐 것으로 나타나는 차이가 있을 뿐이다. 이제 더 이상 그의 삶은 예전처럼 저주받은 운명이라고 할 수 없다. 바위 굴리기는 기쁨의 원천이며, 그는 평생, 아니 영원히 자기가 바라는 일을 하며 살 수 있다. 이것이야말로 사람들이 꿈에도 바라는 지상천국의 모습이 아닐까?

> 시지프스의 형벌은 사실 달라진 것이 없다. 달라진 것은 시지프스의 관점일 뿐이다. 모든 일은 예전과 똑같은 방식으로 반복된다. 이 그림은 객관적으로 볼 때는 여전히 무의미하다. 바위는 끊임없이 올라갔다가 굴러 내릴 것이며, 과업은 완수되지 않을 것이다. 신전은 세워지지 않을 것이며, 목적이 결여된 동일한 일들이 영원히 반복될 것이다. 단 하나의 사건은 시지프스가 자신의 운명과 화해했다는 것뿐이다. 그러나 이것은 이성과 설득에서 비롯된 것이 아니라, 단지 그의 핏줄에 새롭게 흐르는 물질에 의한 비합리적 본능에서 비롯된 것이다.

여기서 테일러의 논리에는 약간의 비약이 엿보인다. 신들이 시지프스에게 일종의 마약(?) 같은 물질을 주입하였다는 것은 시지프스 입장에서는 주체적으로 선택한 상황이 아니다. 그런데 시지프스가 운명과 화해했다는 식으로 마치 자신의 자유의지에 따라 주체적으로 선택한 듯한 뉘앙스를 풍기고 있는 것이다. 욕구의 주체성 문제는 2장의 마지막 절에서 살펴보기로 하고 일단 여기서는 무시하고 넘어가기로 하자. 어쨌든 욕망을 충족하는 삶은 객관적으로는 무의미해 보일지라도, 주관적으로는 유의미할 수 있는 것이다. 이 관점은 어찌 보면 일생일대의 커다란 업적(객관적 가치)보다는 소소한 행복을 인생의 목적이라고 여기며 살아가는 수많은 보통 사람들의 생각과 비슷하다. 여기서 좀 더 나아가면 '뭐 어때, 나만 행복하면 그만이지' 같은 생각으로 이어진다.

이 광경을 특징짓는 것은 이 본능과 행복의 나날들이 본질적으로 비합리적이라는 것이다. 우리가 사랑하는 이유, 밥을 먹는 이유, 기뻐하고 슬퍼하는 이유들을 계속 추적하다 보면 마지막에는 이해할 수 없는 순환논리에 빠지게 된다. 왜 일하는가? 먹을 것을 얻기 위해! 왜 먹는가? 살기 위해서! 왜 사는가? 먹을 것을 얻으려고 일하기 위해서? 그건 아니잖아? 우리가 사는 궁극적 이유는 여전히 모른다. 이 '먹기 위해서 살고, 살기 위해서 먹는다'는 순환 논리의 한계 바깥으로 나갈 수는 없다. 그럼에도 불구하고 우리는 이 비합리적인 희로애락의 굴레 속에서 의미를 느끼며 살아간다.

3. 생명의 풍경 _ 삶의 의미는 삶 자체일까?

이제 우리 앞에는 시지프스를 서로 다르게 묘사한 세 가지 그림이 놓여 있다. 첫째는 목적이 결여된 무의미한 노동을 뼈빠지게 수행하는 '오리지널' 시지프스이고, 두 번째는 일정한 목적을 가지고 객관적 가치를 생산하는 '신전의' 시지프스, 세 번째는 (객관적 가치와 무관하게) 주관적 만족을 느끼며 사는 '본능의' 시지프스다.

그렇다면 우리네 인간 삶의 실제 모습은 이 셋 중 어떤 그림을 닮았을까? 우리 인간들은 일상에서 돈이든 성공이든, 예술이든 사랑이든, 혁명이든 신이든, 가치 있는 무언가를 목표로 삼고 그것을 이루기 위해 힘쓰며 살아간다는 점에서 신전의 시지프스를 닮아 있는 것일까? 아니면 욕망이 원하는 것을 좇아 행복을 추구한다는 점에서 본능의 시지프스를 닮아 있는 것일까? 혹시 이도 저도 아니고 원초적으로 무의미한 오리지널 시지프스에 가까운 것은 아닐까? 테일러는 인간 삶의 유형에 대해 판정을 내리기에 앞서 아주 인상적인 작은 곤충의 무리를 본 체험담을 소개하고 있다.

뉴질랜드에 아주 깊고 어두운 동굴이 있다. 바닥은 늪지로 되어 있고 벽과 천장은 부드러운 빛으로 덮여 있다. 놀라움 속에서 이 동굴의 고요함을 보고 있자면, 창조주가 천국을 소우주의 모습으로 복제해놓은 게 아닌가 여겨질 정도다.

그런데 좀 더 다가가서 살펴보면 다른 상황이 밝혀진다. 각각의 빛나는 점들은 사실은 추하게 생긴 벌레들이다. 꼬리에서 빛을 발산하여 먹잇감이 될 곤충들을 유인하는 것이다. 곤충이 걸리면 끈적끈적한 실을 뿜어내 얽히게 만든 다음 잡아먹는다. 이러한 과정은 몇 달이고 계속되는데, 이 눈먼 벌레들은 무시무시한 침묵 속에서 가끔씩 잡히는 영양분들을 포획하여 다음 먹이를 잡을 때까지 생존하기 위해 벽에 붙어 있다. 언제까지 그러고 있는 걸까? 어떤 위대한

결말이 이 오래된 반복적인 노력의 끝에서 기다리고 있기에 그것을 가치 있게 만드는 걸까?

아무것도 없다. 유충은 단지 변태를 거쳐 조그만 날개를 가진 성충으로 바뀌는데, 이 녀석은 먹을 입도 없이 고작 하루나 이틀을 살다 죽는다. 이 성충은 짝을 짓고 알을 낳자마자 동료 벌레들의 실에 얽혀서 잡아 먹히고 만다. … 이러한 과정이 수백만 년간 지속되어왔다. 그리고 똑같이 무의미한 순환이 앞으로도 수백만 년간 끝도 없이 지속될 것이다.

동굴 벌레의 끈적끈적하고 눅눅한 삶에서는, 뜨거운 태양 아래 얼굴을 찡그리고 팽팽해진 근육으로 바위를 밀어 올리는 시지프스의 모습에서 보이는 '영화처럼' 드라마틱한 고통의 장면은 빠져 있다. 하지만 수백만 년을 햇볕도 보지 못한 채 별다른 가치 있는 목적도 없이, 오직 먹고 싸고 번식하기 위해 어둠과 침묵 속에서 똑같은 일을 똑같은 모습으로 소리도 없이 꿈틀꿈틀 반복하는 동굴 벌레의 삶은 어떤 면에서 시지프스의 고역보다 오히려 더 비루하고 끔찍해 보이는 측면이 있다.

그런데 문제는 이러한 동굴 벌레의 삶이 별난 경우가 아닐 수 있다는 사실이다. 어쩌면 동굴 벌레뿐만 아니라 모든 생명체가 본질적으로는 동일한 광경을 연출하며 살고 있는 것은 아닌가? 테일러는 그렇다고 주장한다. 17년을 어두운 땅굴 속에서 유충으로 보낸 후 지상으로 나와 며칠만을 살다가 알을 낳고 죽어가는 미국매미의 경우를 보라. 이 매미의 알은 아무것도 보이지 않는 땅속에서 다시 17

년을 보내고 똑같은 삶과 죽음을 예정된 코스대로 반복해야 한다. 이 한없이 무의미에 가까워 보이는 탄생(혹은 삶)과 죽음의 순환이 세대를 이어가며 영원히 지속된다. 도대체 무슨 영광이 있길래? 먼 바다에 나갔다가 갖은 고생 끝에 태어난 곳으로 돌아와 단지 자신과 똑같은 사이클을 반복하는 것밖에 다른 목적은 전혀 없어 보이는 후손들을 낳고 죽어 가는 연어의 일생은 또 어떠한가? 해마다 힘겹게 지구를 한 바퀴씩 돌아 여행하는 것 외에는 별 다른 목적이 없어 보이는 삶을 후손들에게 끊임없이, 끊임없이, 끊임없이 뒤따르게 만들 뿐인 철새들의 고단한 삶에는 무슨 원대한 사연이 있는 것일까?

> 우리는 이 모든 것의 목적과 의미가 무엇인지, 이 수백만 년 동안 반복되어온 끊임없는 노력이 궁극적으로 어떤 영광을 가져오는 것인지 의아하지 않을 수 없다. 아무것도 이루지 못하고, 어떠한 종착점에도 닿지 못하면서 왜 그것이 계속되어야 하는지 말이다. 우리는 이 모든 것에는 전혀 목적이 없으며, 이 모든 노력이 아무런 성취도 얻지 못한다는 것, 그리고 숱한 노고로 가득찬 이 순환이 단지 똑같이 반복될 뿐이라는 것을 깨닫게 된다. 그 어떤 생명체의 목적도 삶그 자체 외에는 없다는 것이 명백하다.

삶은 이렇듯 목적도 이유도 없고 다만 누추하다. 이 누추한 삶이 그저 그렇게 지속되는 것이며, 생명은 그 허망한 지속을 위해서 분투할 뿐이다. 외부의 시선에서 봤을 때 이 삶의 결말에는 어떠한 영광도 보이지 않는다. 누추한 삶 그 자체의 영원한 지속만이 유일한 목적인 듯하다. 동물들의 삶의 광경은 시지프스의 삶보다 크게 나아 보이지 않는다. 그렇다면 동물의 삶이 아닌 인간 삶의 모습은 어떠할까? 우리들의 삶에는 벌레나 물고기나 새들과는 다른 어떠한 영광이 기다리고 있는 것일까? 아니면 우리의 삶 또한 '자신을 먹어 치우면서 영원히 무를 향해 달려가는' 동굴 벌레의 삶과 마찬가지로 누추하고 무의미한 것일까?

테일러는 우리의 삶에서 의지라는 요소를 제외하고 보면, 인간 삶의 모습도 시지프스의 삶과 크게 다르지 않다고 주장한다. 우리는 시지프스와 달리 어떤 목표를 좇아 분투하는 것이 아니냐고 반문할 수도 있겠지만, 대부분의 목표는 사실 일시적인 중요성을 가질 뿐 일단 달성하고 나면 즉시 다음 목표를 세운다. 예컨대 모든 기업체는 해마다 연간 목표를 수립하고 이 목표의 달성을 위해 있는 힘을 다하지만, 다음해가 되면 마치 처음 목표는 없었던 것처럼 또 다른 목표를 세우고는 또 최선을 다한다. 하지만 다음 목표는 처음 목표와 본질적으로 다르지 않다.

즉 우리는 시지프스에게는 없어 보였던 일상의 다양한 목표를 가지고 있지만, 어찌 보면 그 목표라는 건 시지프스가 산꼭대기로 바위를 올린다는 것(그것을 목표라고 부를 수 있다면)과 다를 바 없다. 우리는 목표를 달성하지만, 그 목표 달성의 지속성을 보면 시지프스의 바위가 산꼭대기에 머무르는 순간보다 그리 길다고 볼 수 없다. 목표는 달성되자마자 산꼭대기에 다다른 바위가 다시 아래로 굴러내리는 것처럼 무로 돌아간다. 그러면 우리는 마치 시지프스가 다시 바위를 굴려 올렸던 것처럼 다시 목표를 세우고 그 달성을 향하여 분투한다. 즉 겉보기에 명징해 보였던 우리의 목표라는 것은 시지프스에게는 없는 것처럼 보였던 바로 그 목표라는 것과 크게 다를바 없다.

붐비는 거리에서 여기저기 군중들이 지나가는 모습을 보라. 무엇을 하기 위해서일까? 어떤 사람은 일하러 가고 다른 사람은 쇼핑하러 간다. 거기서 오늘도 어제와 같은 일들을 할 것이며 내일도 같은 일이 반복될 것이다. 우리가 만일 이러한 노동이 시지프스의 노동과는 달리 목적을 가지고 있으며, 그것이 우리의 주관적 관심사와는 독립적으로 매우 가치 있고 오래 지속되는 어떠한 성취를 가져온다고 생각한다면, 당신은 아직 충분히 세세하게 살펴보지 못하고 있는 셈이다.

대부분의 그러한 노력들은 가정을 이루고 가족을 영원히 지속하기 위한 목적을 가진다. 즉 우리와 똑같은 일을 하기 위해 우리 뒤를 이어줄 누군가를 낳는 일이다. 따라서 모든 사람의 삶은 언덕의 정상을 향해 오르는 시지프스의 삶과 닮았다. 우리의 하루하루는 시지프스의 한 걸음 한 걸음과 같다. 차이라면 시지프스는 바위를 다시 굴려 올리기 위해 되돌아오지만, 우리는 이것을 자손들에게 넘긴다는 점뿐이다.

결국 인간의 삶은 다른 생명체의 삶과 마찬가지로 본질적으로 무의미한 시지프스의 삶의 패턴과 닮아 있다. 겉보기와는 달리 우리는 불운한 시지프스를 내려다보면서 자기에 대해 안도의 한숨을 내

쉴 만큼 우월한 위치에 있는 행운아들은 아니었던 것이다. 만일 우리의 목표를 목표라 부를 수 있다면, 시지프스의 바위 올리기에도 목표라고 부를 만한 것은 있는 셈이다. 거꾸로 시지프스의 바위 올리기를 목표라고 부를 만한 것이 아니라고 본다면, 우리의 삶에도 궁극적으로 목표는 없다고 봐야 한다. 그리하여 겉보기에 무목적적인 '오리지널' 시지프스와는 다를 것처럼 보였던 인간과 생명의 모습은 무의미한 시지프스의 모델로 점점 더 수렴하는 듯한 느낌을 자아낸다.

4. 사라진다는 것

그렇다면 과연 신전의 시지프스와 같은 삶이 가능하다면 의미가 생기는 걸까? 앞에서는 아름다운 신전이라는 객관적 가치가 인생에 의미를 부여할 수 있는 것으로 '당연하게' 전제하였다. 이제 그 전제의 타당성을 따져보기로 하자.

우리는 앞서 시지프스의 노동이 마침내 신전의 창조라는 성취를 이루는 것으로 상정한 바 있다. 그런데 이것이 어떤 차이를 만들려면 그것은 최소한 지속되어야 하며, 세상에 아름다움을 부가해야 한다. 우리의 성취는 때로 아름답지만 대부분은 거품처럼 사라진다. 그것

들은 모래에 덮인 피라미드처럼 곧바로 단순한 호기심의 대상으로
전락한다. 그 주변에서 나머지 사람들은 바위를 나르는 자신들의 일
을 끊임없이 지속한다. 그 모든 것들은 결국 무너지고 말 것임에도.
많은 나라들이 창업자와 선구자들의 뼈 위에 세워졌지만, 오래지 않
아 쇠퇴하고 무너졌다. 그들의 잔해는 다른 이들의 기초가 되었고
뒤이은 이들의 운명 또한 정확히 똑같았다. 시지프스의 그림은 잘
났건 못났건 모든 개인들과 모든 국가와 모든 인류 그리고 이 세상
모든 생명들의 실존을 묘사한 것이다.

즉 의미 부여의 강력한 후보였던 객관적 가치의 본질을 보면, 아
름다운 신전이라는 것도 결국 다시 굴러 내리는 바윗덩어리와 다를
바 없다는 것이 드러난다. 단지 바위처럼 빠르게 굴러 내리지 않고
슬로비디오처럼 세월의 풍화작용 속에서 천천히 무너져내리는 것
이 다를 뿐이다. 혹시 바위가 빠르게 굴러 내려오면 무의미한 것이
고, 천천히 굴러 내려오면 유의미해지는 것은 아닐까? 시지프스의
바위가 평소 속도보다 10배 또는 100배 정도 천천히 굴러 내려온다
고 상상해보자. 하락 속도가 느려짐에 따라 무의미함이 감소하는 것
을 느끼겠는가? 아마 그렇지 않을 것이다. 그리하여 이제 앞에서 객
관적 가치를 부여함으로써 삶에 의미를 주는 것처럼 보였던 '아름다
운 신전'의 시지프스 역시 점점 더 목적이 없는 '오리지널' 시지프스
와 서로 닮아가는 듯한 모습으로 나타난다. 좀 더 현실에 가까운 다
른 예를 보자.

시골 길을 가다 보면 가끔 무너진 집의 잔해를 보곤 한다. 한때 넓었던 건물은 모두 무너져서 잡초가 무성하다. 호기심 있는 눈으로 상상해보면 남아 있는 것들로부터 한때는 따뜻하고 꿈으로 가득 찼던 번창했던 삶을 재구성해 볼 수 있다. 한 가족이 정겹게 이야기를 나누고, 모여서 노래하고, 장래의 희망찬 계획을 세우던 따뜻한 난로는 이제 차갑게 뒹굴고 있다. 부부가 사랑을 나누고, 아기가 태어나서 엄마에게 기쁨을 주던 방들도 이젠 쓸쓸할 뿐이다. 한때 비싼 값을 치르고 사서 편안함과 아름다움과 따뜻함을 제공하던 소파는 이제 벌레로 가득 차고 먼지로 덮인 채 버려져 있다. …

이것은 바로 시지프스의 바위가 굴려 올려져서, 한때 아름다운 신전으로 만들어졌다가, 다시 폐허가 되어 당신 앞에 나타난 것과 같다. 그동안 여러 건축물들, 제도들, 국가들 그리고 문명들이 여기저기서 우후죽순처럼 일어났다가 오래지 않아 똑같은 운명을 맞고 말았다. 그리고 만일 이 모든 것에 대해 '무엇을 위해서?'라는 질문을 제기한다면 대답은 분명하다. 단지 이것이 영원히 계속되기 위해서일 뿐.

따라서 멀리서 보면 우리네 삶의 모습과 시지프스의 모습 사이에는 커다란 차이는 없다는 것이 밝혀진다(무의미의 시지프스건, 신전의 시지프스건 마찬가지다). 우리는 시지프스와 달리 무언가를 성취하는 듯 보였지만 그러한 성취는 단지 같은 노동을 새로운 형태로 반복하도록 계기만 제공하고는 시지프스의 바위처럼 무로 돌아가 버리고 만다. 객관적 가치로 보였던 신전 역시 단지 천천히 굴러 떨어지는 바위였을 뿐이다. 신전의 시지프스는 무의미한 시지프스가 잠시나마 가질 수 있었던 덧없는 신기루에 지나지 않았다.

어떠한가? 객관적 가치를 생산하는 것으로 보였던 인간 삶의 본질이 아무런 결과를 가져오지 못하는 시지프스의 바위 굴리기와 다를 바 없다는 상황 반전에 실망을 느끼게 되는가? 애초에 구원의 희망으로 보였던 신전의 시지프스도 겉보기와는 달리 무의미의 시지프스의 위장가면에 불과했다는 사실이 절망스러운가? 그렇다면 원초적 무의미로부터의 구원은 없단 말인가? 종교에서 말하는 영원한 천국처럼, 또는 플라톤의 이데아 세계처럼 한번 세운 신전이 세월과 바람에 풍화되어 흩어지지 않을 수 있다면 삶의 의미는 가능하지 않을까? 시지프스의 바위가 다시 산 아래로 굴러 떨어지지 않고 꼭대기에 붙박여 놓일 수 있다면 의미가 생기지 않을까? 그것이야말로 시지프스를 구원할 수 있는 영원한 천국이 아닐까?

자, 그럼 영원한 천국이 가능하다면, 그 실상이 어떠할지를 살펴보도록 하자.

5. 영원한 권태

아름다운 신전조차 언젠가는 풍화되어 사라진다는 점에서 꼭대기에 올려졌다가 다시 굴러 내려오는 바위와 다를 바 없다. 단지 바위의 굴러 내려오는 속도가 빠르냐 느리냐에 차이가 있을 뿐. 그렇다면 만일 사라지지 않는 영원한 객관적 가치가 있다면 의미가 다시 생겨날 수 있을까?

사실 인간들은 사라져가는 것들을 부정하기 위해 안간힘을 써왔다. 종교적인 사람들은 영원불변의 내세 관념을 만들어냈고, 형이상학적인 이들은 플라톤 식의 불변의 이데아 세계를 상상하기도 했다. 좀 더 현세적인 사람들은 보편적 정의나 혁명 같은 세속적 이념들을 추구하기도 했다. 이들은 모든 장애를 극복하면 마침내 어떤 궁극적 상태가 도래할 것이라 믿었다. 천국이든 이데아든 유토피아든 말이다. 그렇다면 기독교의 천국이나 플라톤의 이데아 세계나 역사 최후의 단계로서 공산주의 유토피아 같은 불변의 세계는 우리에게 의미를 줄 수 있을까?

성취가 무너졌을 때 우리의 삶이 무의미하게 된다면, 성취가 무너지지 않을 경우에는 의미를 확보하게 될 수 있지 않을까? 아름다운 신전을 세우는 일에 깊은 관심이 있는 시지프스가 수년간의 힘든 노동 끝에 드디어 영원히 무너지지 않고, 세상에서 가장 아름다운 신전을 세우는 데 성공했다고 가정해보자. 이제 그는 자신의 작품을 완성하였으므로, 고된 노동에서 벗어나 휴식을 취할 수 있게 되고 영원히 자신의 창조물을 즐길 수 있게 되었다 하자.

이제는 무엇이 남는가? 어떤 그림이 이제 우리 마음에 떠오르는가? 그것은 바로 무한한 권태이다! 시지프스는 더 이상 할 일이 없고, 그가 이미 이룬 것에 대해서 감상만 할 뿐 어떤 새로운 것을 덧붙일 수

도 없다. 영원히 신전을 바라보기만 할 수 있을 뿐이다! … 진정 가
치 있는 것은 전적으로 빠져나가 버렸다. 애초 영원하며 무목적적
인 활동이라는 악몽이 있었던 자리에서 우리는 이제 그 활동의 영
원한 부재라는 지옥에 직면한다.

원래의 그림에서는 굴려 올린 바위가 다시 굴러 내려옴으로써
시지프스의 무목적적인 활동이 영원히 지속되기 때문에 삶이 무의
미한 것으로 보였다. 그런데 이제는 바위가 굴러 내려오지 않는 경
우에도 삶은 똑같이 무의미해지고 만다는 것이 드러난다. 영원한 권
태로 인해서 말이다. 산꼭대기가 뾰족하지 않고 평평해서 시지프스
가 올려놓은 바위가 굴러 떨어지지 않고 영원히 정상에 머물러 있다
고 하면 시지프스는 이제 무엇을 해야 하는가? 형벌이 마침내 끝났
다는 잠깐의 뿌듯함 뒤에 다가올 영원한 지겨움에 대처하는 그의 자
세는 무엇일까? 바위 옆에 앉아서 멍하니 바라보다가, 지겨움으로
이리저리 몸을 비틀고 하품하며 지루해 하는 일밖에 없는 것이다!
　도대체 무어란 말인가? 노동의 결과가 나오지 않는 단순한 반
복 자체가 무의미를 불러오는 것이었다면, 결과가 나와도 언젠가는
사라져버리기 때문에 결국 무의미로 귀결되는 것이었다면, 결과가
나와서 결코 무너지지 않는 세계에서는 의미가 생겨나야 마땅한 것
이 아닌가?
　어쩌면 시지프스는 지루함을 이기지 못해 평평한 정상에 올려
진 바위를 제 손으로 산 아래로 굴려버리고 다시 바위를 굴리는 벌
을 받겠다고 신들에게 자청할지도 모르겠다. 또는 아름답고 변치않

는 자신의 신전을 제 손으로 부수어버리고는 다시 만드는 편이 낫겠다고 결심할 수도 있겠다. 어쩌면 기독교의 천국이나 플라톤의 이데아나 마르크스의 공산주의 같이 불변하는 영원한 세계는 단지 영원한 권태를 자아내는 곳에 불과한 게 아닐까? 버트런드 러셀Bertrand Russell은《서양철학사History of Western Philosophy》에서 토머스 모어Thomas More의《유토피아Utopia》를 전반적으로 긍정적으로 소개하면서도, 변화의 요소를 전혀 찾아볼 수 없는 유토피아에서의 생활은 견딜 수 없이 무미건조하다는 것을 인정하지 않을 수 없다고 말한 바 있다.[1]

6. 본능의 시지프스

실망스럽게도 목적이 부여된 객관적 가치만으로 삶의 의미가 확보되지 않는다는 점이 드러난다. 객관적 가치의 산물이 빠르게 사라지든(바위), 천천히 사라지든(신전) 차이가 없고, 영원히 지속되든(천국) 그렇지 않든 큰 차이가 없다. 신전의 시지프스의 삶도 의미에 대한 막연한 희망만을 얼핏 보이고는 다시 무의미의 사막으로 돌아가는 듯 보인다. 이제 남은 것은 주관적 만족을 추구하는 '본능의' 시지프스다. 테일러는 이 마지막 희망의 끈을 꼭 붙들고 늘어진다.

여기서 우리 삶과 인간 존재를 객관적으로 보기 위해 잠시 옆으로 제쳐놓았던 우리의 의지에 대해 다시 살펴보도록 하자. 우리가 실행하고 있는 것에 대한 우리의 깊은 관심을 살펴보면, 우리 삶이 사실 여전히 시지프스와 닮았음을 발견하게 되지만, 이제 우리의 삶에는 영원한 권태 속의 유의미라는 광경은 사라진다. 동시에, 우리 삶이 지니는 그 이상한 의미는 우리에게 부여된 어떤 것을 영원히 행하고자 하는 내적 충동이 가지는 의미다. 이것은 우리가 천국에서 가졌으면 하고 바라는 것에 가장 근접한 어떤 것이다. 그러나 이 사실의 구원적 측면은 우리가 이를 통해 진정한 지옥에서 벗어날 수 있다는 점이다.

테일러는 욕구의 추구라는 행위가 권태라는 지옥으로부터 시지프스를 구원할 수 있으며 이것이 의미의 원천이 될 수 있다고 본다. 객관적 가치를 통한 의미의 추구는 사라짐과 권태라는 한계에 봉착하지만, 욕구 충족을 통한 주관적 만족은 권태라는 지옥에서 우리를 벗어나게 해줄 수 있다는 것이다. 사라짐이라는 한계는 피할 수 없지만, 그것이 주관적 만족을 방해하지는 않는다.

필자는 테일러의 주관적 만족 이론(쾌락주의 한 형태)이 삶의 의미의 필요조건을 찾아낸 점에서 의미가 있는 것으로 평가한다. 하지만 이것을 필요충분조건으로 우기고 싶어 하는 듯한 그의 입장에는 반대한다. 그 이유는 크게 두 가지인데 하나는 욕구의 수준 또는 욕구 내용의 객관적 가치를 따져야 하기 때문이고, 다른 하나는 욕구 부여의 주체가 누구냐를 따져야 하기 때문이다.

아무리 주관적 만족을 가져온다 하더라도 객관적 가치가 거의 없어 보이는 일에 몰두하는 삶을 의미 있다 할 수 있는가? 수전 울프Susan Wolf가《인생 속의 의미Meaning in Life》에서 예로 든 평생 스도쿠나 낱말맞추기 퍼즐을 하면서 만족을 느끼는 사람의 인생이나, 좀 더 안 좋은 사례로 술과 마약 같은 말초적 욕구 충족에 만족해 하는 삶은 의미는커녕 우리가 보통 '인생이 불쌍하다'고 한탄해 마지 않는 그러한 삶이 아닌가? 제3자가 보기에 객관적 가치가 전혀 없어 보이는 리니지 게임에 빠져 밤낮을 새우는 젊은이에게 훈계를 하는 경우, 십중팔구는 자기가 행복을 느끼면 그것으로 충분한 것 아니냐는 항의를 받을지도 모른다. 아마 그 청년이 리니지 게임에 지나치게 몰두해서 행복을 느낀다고 해도 그의 부모와 친척과 아내와 자식은 그로 인해 불행을 느낄 것이고, 주변의 불행과 불만의 압박 으로 그의 주관적 만족은 결국 불안하고 병적인 만족으로 축소될 가능성이 크다. 웃는 게 웃는 게 아닌 상황이 되고 만다. 우리가 원자론적으로 고립된 주체라면 주관적 만족만으로 삶의 의미를 확보할 가능성이 있을지도 모르겠다. 하지만 현실 속에서 우리는 객관 세계와 연결된 사회적 존재라는 점에서 객관적 가치가 없는 주관적 만족은 제한되고 축소된 형태로만 가능할 뿐 완전하게 존립하기는 힘들다. 객관성이 결여된 주관적 만족은 결국 객관세계의 힘에 의해 파괴된다. 욕구의 객관적 가치에 대해서는 4장 1절에서 자세히 다루기로 하고, 먼저 욕구의 주체성에 대해 간략히 짚고 넘어가도록 하자.

7. 욕구의 주체성

　　　　　욕구의 충족을 인생의 의미로 간주할 때 따져봐야 할 것은 그 욕구의 출처가 어디냐 하는 것이다. 나로부터 비롯된 것이냐 아니면 타인으로부터 부여된 것이냐, 즉 욕구 부여의 주체가 누구냐 하는 것이다. 리처드 테일러의 그림에 약간의 변화를 주어보자. 시지프스의 핏줄에 본능을 심어놓는 주체가 신들이 아니라 악덕 자본가들이라고 해보자. 이 자본주의적 신들은 그 세계의 시지프스인 노동자(=소비자)에게 각종 매체 광고와 이데올로기 공세를 통해 비합리적 소비 욕구라는 변태적(?) 충동을 불어넣는다 하자. 여기서 자본주의적 소비 욕구가 변태적인 이유는 생활에 군이 필요하지도 않은 상품들을 절실히 원하도록 만들고 있기 때문이다. 자본주의적 시지프스는 원조 시지프스와는 달리 바위 굴리기를 하지 않는 대신 별로 재미 없는 단순 노동을 반복해야 한다. 그리고 이 소외된 노동의 대가로 자본가로부터 급여를 받으면 자신의 변태적인 욕구 충족을 위해 급여로 받은 돈을 상품 구매에 다 써야 한다. 상품 구매로 돈이 다 떨어지면 다시 노동을 해서 돈을 벌고, 다시 욕망 충족으로 돈을 다 쓰면 돈을 벌기 위해 또 다시 노동을 한다. 이 상품 소비를 통한 욕구 충족과 상품생산을 위한 노동의 순환과정은 끝없이 반복된다. 자본주의적 시지프스를 원래의 시지프스와 비교하자면, 노동을 하는 것은 바위를 굴리는 것과 같고 돈을 받는 것은 바위가 정상에 올라간 것과 같으며, 상품을 소비하는 것(=돈을 쓰는 것)은 바위가 굴러 내려오는 것과 같다. 바위가 굴러 내려오면 다시 굴려 올려야 하듯, 돈이 떨어지면 다시 노동을 해야 한다.

이 자본주의적 시지프스는, 예를 들어 초호화 사치품인 람보르기니에 대한 비합리적인 욕망을 가진다 하자. '남자들의 로망' 어쩌고 하는 자본주의적 광고의 세례를 듬뿍 받은 그에게는 람보르기니를 사서 남들에게 뽐내며 타보는 것이 인생 최고의 꿈이며 보람이다. 없는 집안 출신의 평범한 봉급쟁이에 불과한 그의 모든 노동은 오직 람보르기니를 사서 타보기 위한 것이다. 이 사람이 몇 년간의 노력 끝에 드디어 3억 5천만 원짜리 중저가(?) 모델의 람보르기니를 할부로 겨우 구매하여 시속 360킬로미터로 쌩쌩 달리면서 커다란 행복을 느낀다고 하자. 남은 할부 빚을 갚기 위해 앞으로 또 몇 년간의 소외된 노동을 반복해야 하는 그의 삶은 단지 주관적 욕망을 충족했다는 이유만으로 의미 있다고 할 수 있을까? 외부의 조종을 받아 타인의 욕망을 자신의 것인 양 욕망하고 그 욕망을 위해 삶을 불사르는 사람의 인생이 가치 있고 참된 삶일까? 여기서 람보르기니의 소비자가 느끼는 행복이란 한갓 조작된 행복에 불과한 것이 아닐까? 이 노동자의 모습은 진화생물학에서 종종 인용되는, 기생충에게 뇌가 조종되는 개미의 모습을 떠올리게 한다.

우리는 개미가 풀 줄기를 힘들게 기어오르는 광경을 본다. 개미는 왜 그런 행동을 할까? 거기에 어떤 적응성이 있을까? 그렇게 함으로써 개미에게 어떤 이득이 있을까? 이 질문은 잘못된 것이다. 개미에게 이득은 전혀 없다. 그렇다면 그것은 그저 우발적인 행동일까? 사실, 실제로 그렇다. … 그 개미의 뇌는 번식하기 위해 양이나 소의 창자에 들어가야 하는 작은 기생충인 창형흡충에게 침략당했다. … 이 기생충은 개미가 풀 줄기를 기어오르도록 함으로써, 지나가는 반추동물에게 먹힐 기회를 높인다. 이익은 개미의 번식 가능성이 아니라 흡충의 번식 가능성의 향상이다.[2]

이 개미의 경우와 마찬가지로 자본주의적 시지프스 사례의 본질은 그의 람보르기니에 대한 욕구가 충족돼서 오래오래 행복하게 살았다는 테일러식 결말이 아니라, 그의 뇌가 자본가가 심어놓은 바이러스에 의해 감염되었다는 데 있는 게 아닐까? 뇌가 감염된 상태에서 한편으로 자본가를 위해 노동자로서 노동력을 제공하고, 다른 한편으로 자본가의 이윤을 위해 소비자로서 바가지 가격에 상품까지 구매해주는 이중적인 '봉' 노릇을 하며 행복한 삶을 살고 있다고 착각하고 있는 것은 아닐까? 여기서 욕구 충족을 통한 행복이라는 사태의 본질은 자본주의 시스템을 돌리기 위해 자본주의적 신들이 세팅해놓은 노동 착취의 구조적 기제 속에서 모르모트 노릇을 하는 주제에 마치 자신이 자유의지를 가지고 자기의 욕망 충족을 위해 주도적으로 노동을 하는 것처럼 착각하게 만드는 속임수에 지나지 않는 것일 수 있다. 결국 람보르기니를 욕망하는 자본주의적 시지프스는 자기를 지배하고, 자기를 파괴하는 자를 위해 봉사하는 삶을 사는 것, 한마디로 헛살고 있는 것이며, 따라서 이 모든 것은 주관적 만족을 빙자한 주체의 상실에 불과한 것일 수 있다.

언뜻 드는 생각은 욕구를 심는 주체가 신 같은 초월적 존재나 DNA 같이 자연적인 존재라면 거기서 나오는 욕망의 주체성을 인정할 수 있지만, 자본이나 권력 같은 타인들이 욕구 부여의 주체라고 하면 꺼림직하다는 것이다. 전자의 경우엔 그러한 욕구가 자아의 본질적 일부로 내면화되었다고 보지만, 후자의 경우에는 내면을 제약하는 외부의 이질적 요소로 보이기 때문이다. 만약 욕구가 우리를 유인하기 위해 타인들이 우리 속에 숨겨놓은 덫과 같은 것이라면?

"한 시대의 지배적 사상은 지배계급의 사상이다"라는 마르크스의 이데올로기 테제를 변용하면 '한 시대의 지배적인 삶의 의미는 지배계급의 삶의 의미이다'라는 가설을 세워볼 수 있다. 이 시대의 지배적 인생의 의미로 꼽히는 돈과 성공과 행복은 어쩌면 재벌, 정치인, 관료 등 지배층의 인생의 의미에 불과한 것일 수 있다. (지배계급의 삶의 의미에 속하는 가치를 보편적인 인간 삶의 가치로 인식하는 비슷한 예로는 유교적 가치를 들 수 있다. 인仁의 덕성을 갖춘 군자君子가 되는 것을 삶의 목적으로 삼는 것은 유교 사회의 지배계급인 사士 집단의 목표일 뿐이었고, 피지배계급인 소인小人들은 이로부터 배제되었지만, 오늘날에는 특수한 역사적 맥락에서 벗어나 누구에게나 통용되는 보편적인 인생의 가치였던 것처럼 인식하고 있다.)[3]

우리의 욕구가 자본주의 아래에서의 소비 욕구나 봉건시대의 충효 이데올로기처럼 외부의 통제 목적에 의해 로봇에게 주입된 프로그램대로 반응토록 하는 것에 불과하다면 의미 있는 삶이라 할 수 없다. 즉 주관적 만족이 중요하긴 하지만 그것만으로 인생의 의미가 보장되지는 못한다. 비주체적인 주관적 만족이 가능하기 때문이다. 의미의 원천으로서의 욕망은 외부에서 주입된 사이비 욕망이 아니라 내면에서 우러나온 주체적 욕망이어야 한다. 여기에 그 욕망이 객관적 가치가 있어야 한다는 단서가 붙는다. 외부에서 들어온 것이라면 반성적 성찰을 통해 주체적으로 내면화될 필요가 있다(주체성).

테일러의 시지프스의 핏속에 '주입된' 본능은 단지 외부에서 주입된 사이비 욕망인지, 아니면 시지프스가 주체적으로 내면화한 진정한 욕망인지가 불분명하다. 자신의 내면에서 비롯된 것이 아닌, 타인들이 부여하는 욕구를 충족함으로써 주관적 만족을 얻는 삶은 의미 있는 삶과는 거리가 멀다. 자기가 처한 비참한 현실을 직시하지 못하고 신들이 주입한 마약의 환상 속으로 도피하는 것이라면 '본능의' 시지프스의 삶은 '오리지널' 시지프스의 삶보다 오히려 더 비참한 것일 수 있다. 즉 겉보기에 내면의 변화처럼 보였던 것은 시지프스의 의식적이고 주체적인 노력에 의한 것이 아니라 외부에서 유도된 것에 불과한 것이기 때문이다. 이것은 의미 있는 삶이라기보다, 무의미한 삶을 살면서 의미 있는 삶을 산다고 착각하는 거짓된 삶일 뿐이다. 주체성이 결여됨으로써 존엄성이 훼손된 삶이며, 통째로 가짜인 삶이다.[4]

3

무엇이 삶의 의미인가?

나는 나의 작품을 통해 불멸을 얻고 싶지는 않다. 나는 죽지
않음으로써 불멸하기를 원한다. 나는 사람들의 마음속에서
영원히 살기는 싫다. 나는 내 아파트에서 영원히 살고 싶다.

– 우디 앨런

지금까지 우리는 테일러의 사고실험을 따라 시지프스의 삶의 의미가 가능한 조건들, 즉 객관적 가치와 주관적 만족을 탐색해왔다. 언뜻 구원으로 보였던 객관적 가치는 사라짐과 권태라는 한계가 있음이 드러났고, 어찌 보면 동물적 본능에 가깝다고 할 주관적 만족만이 두 가지의 추가적인 제약 조건(객관성과 주체성)을 요구하는 희망으로 남게 되었다.

　이러한 탐색 과정에서 애초에 무의미해 보였던 시지프스의 삶은 언뜻 유의미해 보였던 우리들의 삶과 닮아 있었다는 것을 발견할 수 있었다. 이것은 두 가지로 해석 가능하다. 첫째는 유의미해 보였던 우리들의 삶의 진짜 모습이 무의미한 시지프스와 같다는 해석이다(이 경우 유의미해 보였던 우리들의 삶이 시지프스와 닮아지면서 갑자기 무의미한 색채를 띠게 될 것이다). 두 번째는 무의미해 보였던 시지프스의 삶의 본래 모습이 우리의 삶처럼 유의미했었다는 해석이다. 어느 쪽일까? 첫번째일까, 두 번째일까?

1. 무의미와 관점의 문제

우리는 가끔 질문의 형식에 현혹되어 속아 넘어간다. 왜 둘 중 어느 하나만 진리라고 생각해야 할까? 유의미한가 무의미한가가 사태의 객관적 진상이 아니라 우리가 사태를 바라보는 관점에서 비롯된 것일 수도 있지 않을까? 그리하여 두 관점을 종합한 총체적인 모습이 사태의 진상은 아닐까? 나의 결론은 두 가지의 해석이 진실의 각 부분만을 보여주고 있다는 것이다. 즉, 시지프스의 삶은 우리들의 삶보다 무의미한 것은 아니며, 우리들의 삶은 시지프스의 삶보다 유의미한 것이 아니라는 결론이다.

여기서 약간의 반전이 일어난다. 2장에서 살펴본 객관적 가치의 한계들이 사실은 삶의 의미를 향하도록 추진하는 기제였다는 것이다. 우리는 앞서 객관적 가치의 생산물이 결국에는 사라진다는 것이 시지프스의 바위가 다시 산 아래로 굴러 내리는 것처럼 삶이 무의미하다는 것을 보여주는 증거라고 해석했다. 그러나 과연 그것이 올바른 해석일까? 그것은 어쩌면 하나의 부분적 관점을 절대화한 것이 아니었을까? 가치의 산물이 사라진다는 것은 덧없음이라는 허무감을 불러오는 측면 외에, 오히려 권태로부터 우리를 보호하기 위한 장치로 볼 수는 없을까? 또한 권태는 우리로 하여금 현재의 상태에 만족하지 않고 새로운 프로젝트로 나아가게 하는 기제가 아니었을까? "플라톤이 《법률》에서 아테네인의 입을 빌어 말했듯이, 만약 인류의 대부분이 그들이 이룩한 문화적 자산과 더불어 주기적으로 파멸되지 않았다면, 세상에는 더 이상 새로운 창조의 여지가 없었을 것이다."[1]

찬란했던 고대 문명의 건설자들이 지금 나타나서 자신들의 노력으로 한때 성취했던 모든 것들이 고고학적 잔해로 널려져 있는 것을 본다면 어떤 생각이 들까? 자신들이 이루려고 했던 그 모든 것들의 마지막 귀결이 결국 이것이었단 말인가 하고 자문할 수도 있을 것이다. 하지만 그들이 문명을 힘차게 건설하던 당시에도 그런 생각을 하고 있었을까?

마찬가지로, 만일 앞서 묘사한 폐허가 된 집과 농장의 주인들이 다시 돌아와서 남겨진 것을 본다면, 그들 역시 똑같은 감정을 느낄지도 모른다. 우리가 이 폐허와 녹슨 조각들을 보면 상상해본 내용들이 그들의 기억 속에서 재구성되면서 말할 수 없는 슬픔을 불러일으킬 것이다. 우리 발 밑의 슬레이트 한 조각은 그들에게 따뜻했던 크리스마스를 떠올리게 할 것이다. 그리고 아기 침대를 보면 어떤 기억들이 떠오르겠는가. 그리고 잡초로 덮인 담벼락은 여러 해에 걸쳐 길렀던 수많은 가축 떼를 떠올리게 할 것이다. 이것이 최종 결말이라면, 그 모든 것의 가치는 무엇이란 말인가?

하지만 과연 그 가족이 아이들과 함께 그 집에서 오순도순 살던 노동과 휴식의 나날에도 그러한 생각이 들었을까? 그들은 결코 천

년만년 가는 요새를 짓는다고 생각하지는 않았을 것이다. 그때 그들은 다가올 겨울을 대비하여 장작을 마련해 쌓았을 것이고, 아이들의 학비를 준비하기 위해 가축을 길렀을 것이며, 가축을 기르기 위해 울타리를 쳤을 것이다. 그러한 계획과 실행들은 그들의 소망이 깊이 담긴 것이었고, 당시 그들에게 중요하게 다가왔던 것들이었다. 따라서 그때 그들은 그러한 질문을 할 필요가 없었다. 지금에 와서 그때 그들이 그러한 질문을 던졌어야 한다고 주장하는 근거는 무엇인가? 왜 먼 훗날의 관점을 그 시점으로 끌고 와서 바라봐야 한단 말인가? 그때의 날들은 그것으로 충분했다. 우리의 인생 또한 그렇지 않은가?

이것은 분명 모든 삶, 즉 우리와 국가, 종, 세계 및 숨쉬는 모든 것들의 삶과 그것들이 포함하는 모든 나날과 순간들을 바라보는 방식이다. 심지어 앞서 묘사한 우리가 보기에 목적 없는 삶을 수백만 년 동안 지속해온 빛나는 벌레들도 만약 그들의 삶을 내부에서 본다면 전적으로 다르게 보일 것이다. 아무 목적도 없어 보이는 그 벌레들의 끊임없는 활동은 단지 그들이 추구하는 의지이다. 이것이 그들의 삶에 대한 모든 정당화이며 의미이다.

여기에서 마침내 시선의 문제, 관점의 문제가 나타난다. 무의미는 결코 세계의 객관적 속성이 아니다. 어떤 것이 무의미하게 여겨지는 것은 사태를 내부의 시선이 아니라 외부의 시선으로, 지금의 시점이 아니라 먼 훗날의 시점에서, 인간의 관점이 아니라 우주의 관점에서, 유한의 관점이 아니라 무한의 관점에서 바라봤을 때에만 발생한다는 사실이다. 우리가 관점을 바꾸어 외부의 시선이 아니라 내부의 시선에서, 먼 훗날이 아니라 지금의 시선에서, 우주적 관점이 아니라 인간의 관점에서, 무한의 관점이 아니라 유한의 관점에서 보았을 때 우리의 노력과 그 결과물이 단지 소멸한다는 이유로 무의미하게 나타나는 것은 아니다.

즉, 우리는 엄마 돼지가 자기를 빼고 새끼들을 세는 것과 비슷한 실수를 한 셈이다. 칸트에게 시간과 공간이 세계의 속성이 아니라 지성의 범주이듯이, 로크에게 (제1속성이 세계의 실제 속성인 반면) 제2속성이 인간의 감각 체계의 속성이듯이, 물리학에서 관측자의 관측 행동이 대상의 상태를 변화시키듯이, 우리는 허무가 세계의 속성이 아니라 의식 주체가 세계를 바깥에서 바라보며 스스로 부여한 속성이라는 것을 잊고 있었다.

결국 삶의 의미는 그 범위와 지속 시간에 있어서 유한한 것이다. 어쩌면 의미가 무한하고 영원한 것이어야 한다는 것은 강박적인 생각이다. 유한한 것은 무의미하다는 생각은 착각일 수 있다. 앞서 영원한 권태에서 보았듯 오히려 무한한 것이 무의미할 수 있고, 유한한 것만이 의미를 가질 수 있다. 경제학에서와 같이 시간에서도 희소성이 가치를 좌우한다면, 영원의 가치는 제로에 가까운 게 아닐까? 유한성이 희소성으로 해석될 수 있다면 삶은 유한성으로 때문에 더 큰 가치가 있다고 할 수 있지 않을까? "내일 죽는다 생각하니, 오늘 보는 모든 것 아름답구나!"라는 시구는 바로 삶의 유한성이 삶을 무의미하게 만드는 것이 아니라 거꾸로 삶의 가치를 더욱 높인다는 사실을 절묘하게 잡아내고 있는 게 아닐까? 많은 사람들이 우리네 70년 인생이 너무 짧으며, 영원하지 않다는 이유로 허무하다고 생각한다. 하지만 70년 인생이 허무하다면 그 허무를 영원히 지속한다 한들 영원한 허무에 지나지 않을 것이다. 만일 70년 인생의 가치가 0이라면, 그 '0'을 무한히 더한다고 해도 결과값은 0이 된다. 70년 인생이 허무하다면 영원히 산다 한 들 영원히 허무할 뿐이다. 영원한 삶이 의미 있기 위해서는, 먼저 70년이라는 유한한 삶에도 의미가 있다고 인정해야 한다. 비트겐슈타인 역시 영원한 삶이 의미를 가져다주지 못한다는 것을 지적한 바 있다.

> 인간 영혼의 시간적 불멸성, 즉 영혼은 죽은 후에도 영원히 살아남는다는 것은 어떤 식으로도 보증되지 않을 뿐 아니라 무엇보다도 사람들이 이 가정을 통해 이루려는 바를 전혀 달성시켜주지 않는다. 내가 영원히 살아남는다는 것에 의해 수수께끼가 풀리는가? 영원한 삶은 현재의 삶과 똑같은 만큼 수수께끼가 아닌가?[2]

어떤 것이 영원히 지속되지 않고 끝난다는 이유로 허망하다고 보는 것은 가만히 생각하면 사리에 맞지 않다. 우리는 영화가 무한히 지속되지 않고 단지 두 시간만 지속된다고 해서 영화를 보는 것이 무의미하다고 말하지는 하지 않는다. 소설은 반나절만 읽으면 끝난다는 이유로 무의미하다고 할 수 없다. (심지어 《이방인》처럼 생의 무의미를 절절히 묘사한 소설조차 유의미할 수 있다.) 무언가가 너무 빨리 끝나서 시간적으로 짧다고 느끼는 것은 허무함보다는 아쉬움에 가까울 것이다. 재미있는 영화나 소설이 끝나면 시간가는 줄 모르고 있다가 좀 더 길었으면 하는 아쉬움이 남는다. 재미있는 영화가 끝났을 때 우리가 느끼는 감정은 허무함이 아니라 아쉬움이다. 마찬가지로 인생이 언젠가는 끝난다는 이유로 허무하다고 생각하는 것은 부정확한 감정 판단일 수 있다. "부귀도 영화도 소용없다. 죽으면 끝이다. 인생이 짧으니 허무하다." 겉보기와 달리 사실 이건 허무주의가 아니다. 유사 허무주의다. 허무주의는 이 세계에 가치 있는 것이 아무것도 없다는 생각이다. 그런데 인생이 짧으니 허무하다는 것은 부귀영화의 인생은 가치 있는 것인데, 영원히 지속되지 않은 게 허무하다는 것이다. 부귀영화가 가치 있다는 생각, 여기서 허무주의 자격 상실이다. 가치 있는 것을 영구히 가지고 싶은데, 그럴 수 없어서 허무하다, 이건 허무주의가 아니라 탐욕주의다. 어쩌면 우리가 느끼는 인생의 허무감은 아쉽다는 말을 과장하다가 그것을 진짜 사실로 믿어버리게 된 착각에 불과한 것이 아닐까?

2. 냉동인간과 마크로풀로스

시간의 영구 지속으로서의 영원을 선호하는 자들을 '길이주의자'라 부를 수 있다. 현세는 너무 짧으니 영원한 내세를 추구하자는 이들은 인생의 의미는 삶의 길이에 좌우된다고 보는 사람들이다. 하지만 인생의 의미는 삶의 길이가 아니라 삶의 내용, 즉 체험의 질에 좌우된다고 보는 사람들도 있다.《에밀》에서 루소는 "인생을 가장 오래 산 사람은 장수한 사람이 아니라 인생을 가장 많이 느낀 사람이 다"라고 말한 바 있다. 물론 길이주의자나 체험주의자가 같은 말을 하면서 강조점을 다른 데 두고 있는 것일 수도 있다. 예컨대 길이주의자는 권태로운 삶일지라도 영원히 사는 것이 낫다는 주장을 하는 것이 아닐 수 있고, 체험주의자는 같은 조건이면 장수한 사람이 더 많은 경험을 할 수 있다는 걸 부정하는 것은 아닐 수 있다.

영국의 철학자 줄리언 바지니는 영원한 삶이 바람직한 것인지에 대해, 극작가 카렐 차페크Karel Čapek를 인용한 윤리학자 버나드 윌리엄스Bernard Williams를 다시 인용하면서 부정적 결론을 도출한 바 있다. 그 근거는 권태였다.

버나드 윌리엄스는 〈마크로풀로스 사건〉에서 너무 오랫동안 사는 것은 "지루함, 무관심, 냉담함"을 자아낼 것이라고 썼다. 그는 카렐 차페크의 동명 희곡을 출발점으로 삼는다. 불사의 유액을 마시고 342세까지 산 여자 주인공은 결국 연장하고 연장하는 인생을 저주로 생각하게 되고, 더는 유액을 먹지 않기로 마음먹는다. 그녀의 진실을 알게 된 사람들은 그 뜻에 동조해 유액 제조법을 불에 던져 태운다. 윌리엄스가 철학적으로 정교하게 다듬은 이 희곡은, 인간의 삶이 불멸과 조화되지 않는다는 통찰을 준다.[3]

이 희곡의 여주인공 마르티는 "오랜 삶은 하나의 형벌일 뿐"이라면서 "어느 누구도 300년 동안 사랑할 수 없어. 지속할 수가 없어. 그래서 모든 것이 나를 싫증나게 해. 좋은 일도 나쁜 일도 모두 지겨워. 이 세상 자체가 나를 지겹게 해"라고 절규한다. 가능한 모든 일들을 다 겪은 사람, 이루어야 할 모든 것을 다 이룬 사람은 동일한 일들이 끝없이 반복되는 삶에 지루함을 느끼고 흥미를 잃을 가능성이 크다. 충분히 오랜 시간을 살면, 더 산다고 해서 더 새로운 것을 경험할 수 없는 시기가 온다. 물론 사람이 342년 만에 가능한 모든 체험들을 다 겪을 수 있느냐의 질문을 던질 수 있다. 또 권태 요소만 잘 처리할 수 있다면 영원히 또는 상당히 긴 세월을 산다는 것이 바람직할 가능성은 여전히 남아 있는 셈이다.

영생의 또 다른 문제점으로는 빅터 프랭클Victor Frankl이 제기한 무한한 연기의 가능성이 있다. "만일 우리가 영원히 살게 된다면 모든 활동을 영원히 연기할 것이다. 우리가 지금 어떤 일을 하건 하지 않건 전혀 문제가 되지 않을 것이다. 모든 일은 내일이나 모레, 아니면 1년이나 10년 후에 해도 상관없다." 예컨대 우리는 서른 살만 넘어가면 언제 결혼할 거냐고 부모와 친척들의 채근을 받지만, 영생하는 사람이라면 "5천 년 후에 생각해보죠"라고 대답한다 해도 이상할 것이 없다. 그리고는 막상 5천 년이 지난 후에는 "5만 년만 더 놀고 생각해볼게요"라고 말할 수 있을 것이다. 영생을 하는 사람은 정해진 시간 안에 특정한 일을 할 필요가 없다. 영원히 빈둥거려도 상관없다. 그렇다면 영원히 빈둥거리지 않겠는가? 이러한 빈둥거리기로 삶이 무의미해질 수 있다.

영원한 내세를 믿지는 않지만, 영원한 현세의 가능성을 믿는 냉동인간 프로젝트의 창시자 로버트 에틴거Robert Ettinger 교수는 "나의 모든 친구와 이웃이 그들의 1,000번째 생일 축하 자리에 나를 초대해주기를 희망한다"고 말한 바 있다. 그는 불멸의 삶을 거부하는 사람들을 두 부류로 나누어 비판한다. 하나는 윌리엄스 같은 권태론자이고, 다른 하나는 도덕적 거부자이다. 도덕적 거부자들은 다음과 같이 말한다.

> 부름받으면 갈 준비가 되어 있다. … 우리 아이들을 위해 물러나야 한다. … 후대에 짐이 되어서는 안 된다. … 자연적 수명을 훌쩍 넘어 매달리는 것은 볼썽사납고 비겁한 짓이다. … 탄생, 성장과 죽음은 자연적이고 불가피한 주기를 이루는 문제다. … 죽음에 대한 두려움은 미성숙의 징표다.[4]

에틴거는 도덕적 거부자들이 위선의 가면을 쓰고 있다고 본다. 왜냐하면 도덕적 거부자들에게 "심각한 감염을 당했을 때, 죽음이라는 '자연적' 결론을 막을 수 있는 페니실린을 거부할 텐가?"라고 질문하면 "그렇다"고 대답하기는 어려울 것으로 보기 때문이다. "만약 20년의 원기 왕성한 생활을 보장해주는 묘약이 나온다면 거부할 텐가?"에 대해서도 부정적 답변의 가능성이 적다고 본다. 또는 "마음대로 선택할 수 있다면 어느 정도의 수명을 고르고 싶은가?"를 질문하면, 도덕적 거부자가 더도 덜도 아니게 딱 현재의 자연적 수명만큼을 택할 것인지에 대해서도 의구심을 나타낸다.

사실 에틴거의 논리에는 약간의 트릭이 있다. 물론 우리가 더 오래 살기를 원한다고 에틴거의 물음 앞에 무릎을 꿇을 가능성이 더 높은 것은 사실이다. 그런데 우리가 오래 살기를 원한다는 사실로부터 그것이 의미 있다는 결론으로 바로 이어지지는 않는다. 원하는 것과 의미 있는 것은 별개일 수 있다. 우리가 별로 의미 없는 것을 일단 원하고 보는 경우가 한두 가지가 아니지 않은가?

우리가 만일 1,000년을 살 수 있다면 어떤 상황이 벌어질까? 두 가지 방식으로 생각해볼 수 있다. 하나는 100살까지 유년기, 200살까지 청년기, 하는 식으로 현재의 성장 곡선 패턴을 유지하면서 각 단계가 10배씩 비례적으로 수명이 늘어나는 경우이다. 다른 하나는 현재의 신체 조건을 가지고 장기를 바꿔가면서 수명의 길이를 늘이는 (따라서 노년기가 늘어나는) 방식이다.

첫째, 우리 수명이 1,000년을 기준으로 유년기, 청년기, 장년기, 노년기가 비례적으로 늘어나는 경우에는 현재의 삶에서 크게 달라질 것은 없다. 그때도 우리는 예상 수명에 맞추어 삶의 계획을 세울 것이고, 아무리 오래 산다고 해도 여전히 충분하지 않다고 생각할 것이다. 예를 들어 줄리언 바지니가 말하는 '중년청년' 현상을 생각해보자.

몇 세대 전만 해도 거의 대다수는 이십대나 그 이전에 결혼을 하고 자녀를 낳았다. 이제 경제적으로도 더 풍족해지고 더 오래 살 수 있으며, 아이는 나중에도 낳을 수 있다는 생각이 생기자 점점 더 많은 사람들이 삼십대까지도 이어지는 일종의 연장된 청소년기를 즐기고 있다. 이전의 모든 세대와 비교해볼 때 꽤 부유한 중년청년들은 더 많이 여행하고 더 많은 경험을 한다. 그들은 과연 만족하고 있을까? 만족하는 부분이 있을지 몰라도, 이 세대는 이전 어느 세대보다 자기 것이 아닌 시간에 오래 머물러 있다.[5]

따라서 삶의 길이가 현재와 대비해 비례적으로 늘어나는 경우에도 삶의 의미에 있어 질적인 차이가 있는 것으로 보이지는 않는다. 세네카는 《인생이 왜 짧은가?》에서 "우리는 수명이 짧은 것이 아니라 많은 시간을 낭비하고 있는 것"이라고 갈파한 바 있다.[6] 사실 우리가 정말로 인생이 짧다고 생각한다면 매일매일 최소한 지금보다는 더 절박감을 느껴야 하고, 최소한 지금보다는 더 열심히 살고 있어야 하지 않을까? 우리가 아주 가끔 인생이 짧다고 느끼는 것이 사실이지만, 우리 대부분은 대체로 70년 인생도 그리 짧지 않다고 생각하고 있는 듯하다. 그러니 지금 이렇게 빈둥거릴수 있는것 아닌가?

두 번째는 현재 우리 몸의 조건으로 1,000년을 사는 경우다. 대략 60세부터 노년이라고 하면 무려 940년을 노인으로, 노후화된 장기를 교체해가며 살아야 한다는 결론이 나온다. 먼저 이것은 물질적·사회적 자원의 유한성을 감안할 때 비효율을 낳을 가능성이 크다. 우리가 너무 늦게 죽으면 인구과잉이 심화되고 자원고갈이 더 심각해질 수 있으며, 생태계의 균형이 깨질 수 있다. 또한 내가 100년이 아니라 1,000년을 산다면 후손들이 살아갈 900년의 기회를 빼앗는 것일 수도 있다. 1,000년을 사는 '보수화된(나이가 들수록 보수적으로 될 가능성이 높다고 가정하자)' 늙은이 한 명이 100살까지 살다가는 진취적인 젊은이(?) 10명의 기회를 빼앗음으로써 사회적, 지구적으로 소중한 생명 자원의 가능성을 낭비하는 것이다. 인간이 기술적으로 평균 수명 1,000살을 살 수 있게 되었다 하자. 그런데 어떤 나라는 제한된 사회적 자원을 구성원의 1,000년 수명을 위해 투입하는 반면, 다른 나라는 기술적으로는 1,000년을 살 수 있지만 정치적으로 100살의 자연수명만을 살고 사회적 자원을 다른 유용한 부문에 투입하는 쪽을 선택하였다 하자. 이 두 나라가 경쟁을 한다면 누가 이길까? 누가 더 진화적으로 더 안정된 전략을 취하고 있는 것일까? 늙은 피로 구성된 나라가 젊은 피로 구성된 국가를 이기고 적자생존할 수 있을까?

비효율과 진화적 안정성의 문제는 둘째 치고라도, 노인으로 940년을 산다는 것은 인생이란 드라마의 기승전결의 비례와 완성도를 깨트리는 처사가 아닐까? 마치 막장 드라마가 그러하듯 결말을 질질 끌면서 지루한 이야기를 무리하게 이어가는 것과 같지 않을까? 실제로 우리나라 국민 가운데 40퍼센트 정도는 100세까지 사는 것조차 바람직하다고 보지 않는다는 조사결과가 있다(한국보건사회연구원 '인생 100세 시대 대응 국민인식 조사결과'). 그 이유는 빈곤, 질병, 고독감, 자녀에 대한 부담감 등으로 노년기가 길어진 삶을 축복이 아닌 저주로 보고 있기 때문이다. 조사대상의 60퍼센트는 80~89세 정도가 가장 바람직한 수명이라고 답했으며, 90세 이상 살고 싶다는 응답은 7.8퍼센트에 불과했다. 아무래도 여기에는 건강과 더불어 경제적인 요인이 상당히 크게 작용하는 듯하다. 중상층 노인을 제외한 중하층 노인들에게 '노인네 취급'을 받으며 할 일도 없이 각종 질병에 시달리며 940년을 산다는 것은 고통일 수 있다. 당신이라면 940

년의 여생을 탑골 공원에서 보내거나 종이박스를 주워 팔아서 근근이 생계를 유지해야 한다면 1,000년을 살게 해준다는 제안을 흔쾌히 수용하겠는가? 어쩌면 에틴거 교수의 추정과는 달리 영원히 살고 싶다는 욕망은 보편적 소망이라기보다는 소수파의 특이한 욕망에 불과한 것일지도 모르겠다. 물론 소수파의 특이한 욕망도 존중받을 권리는 있다. 하지만 소수파가 다수파인 양 오버하는 것까지 용인해서는 안 된다. 영원이라는 길이 자체가 인생의 의미를 창출하지는 못한다. 사회경제적 조건이 형편없다면, 권태만이 지속된다면, 영원히 빈둥거리는 삶일 뿐이라면, 영원히 살아봐야 별 의미가 없다. 무조건 영원한 것을 선호하는 '길이주의자'들에게 영원히 지속되는 영화를 보여준다면 어떤 반응이 나올까? 그들이 몇 시간을 영화관에서 견딜 수 있을까? 한나절도 못 버티고 자리를 박차고 뛰쳐나오는 사람이 절반은 넘을 것이다. 우리의 정신적, 육체적 조건은 약 2~3시간 이내에서 영화를 보았을 때 최고의 감상을 할 수 있도록 세팅된 것으로 보인다. 그렇다면 우리의 정신적, 육체적 조건은 대략 100년 이내의 인생에서 최대한의 삶의 의미를 얻을 수 있도록 세팅되어 있는 것은 아닐까? 어쩌면 삶의 의미는 영원한 삶에 있는 것이 아니라, 마치 훌륭한 영화처럼 시작과 끝 사이에 기승전결의 드라마적 흐름이 짜임새 있게 전개되는 미학적 완성도 내지는 삶의 조화로운 리듬감에 달려 있는 것이 아닐까?

영원히 사는 것이 개인에게 실질적으로 어떤 이익을 주는 것일까? 10만 살 정도를 살면 우리가 원하는 모든 것을 체험하고 이루고자 하는 모든 것을 이룰 수 있을까? 영원히 산다는 것은 과거의 기억을 간직하면서 자기동일성을 유지한다는 것을 전제로 한다. 하지만 우리는 망각이라는 한계가 있지 않은가? 시간이 지날수록 우리의 기억은 희미해지고 심지어 단절되기까지 한다. 조지 베일런트George E. Vaillant가 하버드대학 2학년생을 상대로 70여 년에 걸친 추적조사를 정리한 《행복의 조건Aging Well》에는 재미있는 사례가 있다. 55세가 된 프리츠라는 남성에게 그가 서른 살즈음에 인생에 대해 써서 보내주었던 글을 다시 보내면서 책에 인용해도 되는지 허가를 요청했다. 그때 그의 대답은 "다른 사람에게 가야 할 물건이 내게로 잘못 전해진 것 같소"였다.[7] 불과 20년 전의 자기 생각이 타인의 것으로 여겨질 정도로 변했다는 것이다. 이러한 생각의 변화와 더불어 심각한 위협 요인은 완전한 망각이다.

우리가 1천 살 정도의 나이가 되었을 때 20세까지의 기억이 남아 있을까? 지금 20세의 젊은이들에게 서너 살 때의 기억이 남아 있는지를 물어보면 거의 아무것도 기억하지 못하고 있을 것이다. 어떤 이들은 심지어 여섯 살 이전도 기억하지 못하는 경우가 있다. 그렇다면 1만 살쯤 되면 100세 이전의 기억이 남아 있을지도 의문스럽다. 만일 1만 년 후의 내가 100세 이전의 나를 전혀 기억하지 못한다면 그 사람은 지금의 나와 동일한 인물이라고 말하는 것이 무슨 의미가 있을까? 1만년 후의 나는 100세 이전의 나를 전혀 기억하지 못하며 오직 사진이나 일기 같은 역사적 기록을 통해서만 (만일 기록이 있다면) 회고할 수 있다. 그렇다면 100세 이전의 내 입장에서 볼 때 1만 년 후의 나는 내가 아니라 나의 후손이라고 봐도 아무런 차이가 없다. 1만 년 후의 나는 기억의 측면에서 볼 때, 100세 이전의 나를 내가 아니라 나의 선조라고 보아도 아무런 차이가 없는 것이다. 단지 죽음이라는 체험이 결여되어 있을 뿐, 세월의 퇴적 속에서 (기억에 의한) 자기동일성은 희미해지는 셈이다. 그렇다면 기억을 통한 자기동일성이 단절된다는 점에서 영원히 사는 것과 세대를 이어가며 사는 것 사이에는 사실상 별 차이가 없는 것이다.

다시 폐허가 된 집으로 돌아가보자. 그 폐허가 된 시골집은 한 부부가 아이들이 자랄 때까지 그들의 가족을 돌보는 것을 지켜보는 것으로써 의미를 다 했다고 할 수 있다. 그 집은 자신의 시간 동안 주어진 임무를 충분히 완수하고 이제 폐허가 된 것이다. 물론 가우디 하우스처럼 예술적 가치가 있는 집이거나 아인슈타인 같은 유명인사의 생가라서 정부에서 관리하고 보존해주었다면 좀 더 오래갈 수도 있었겠지만 그렇지는 못하였다. 더 존속하지 못해 아쉽기는 하지만 그때 거기서 그 가족들에게 그 집이 의미 있었던 것은 분명하다. 그리고 오랜 세월이 흘러 다시 고향으로 돌아온 그 가족에게 폐허가 된 모습으로 쓸쓸한 옛 추억을 불러일으키는 것. 어쩌면 그것이 이 집에게 주어진 마지막 역할이었는지도 모른다.

지나간 역사의 일들도 마찬가지고, 이미 세상을 떠난 가족과 친구들도 그러하며, 흘러간 우리들의 사랑도 마찬가지다. 그때 그들은 모두 의미 있는 존재였다. 사라진 그들은 이제 추억이라는 형태의 의미로 남아 있다. 그리고 다시 오랜 세월이 흐른 뒤에 우리 또한 이 땅에서 사라질 것이고 단지 누군가의 추억으로만 남아 있다가, 우리를 기억하는 후손들이 사라지고 우리를 기록한 역사가 소멸하고 우리의 흔적을 간직한 우주가 소멸할 때, 모든 것과 함께 어둠 속으로 사라질 것이다. 하지만 그것이 역사적 사실을, 우리의 사랑을, 우리의 추억을 무의미하게 만들지는 못한다. 유한한 존재의 사랑의 불멸성을 허무주의적으로 표현한 벡신스키의 그림이 말없이 보여주듯, 우리가 그때 존재했고, 우리가 그때 사랑했었다는 '그 사실'은 이 우주가 소멸한다고 해도 결코 사라지지 않을 것이기 때문이다. 우리는 영원하지는 않지만 불멸이다. 우리는 언젠가 사라지겠지만 우리가 존재했었다는 사실은 영원히 사라지지 않기 때문이다. 또는 비트겐슈타인 식으로 말하자면, 우리가 영원을 시간의 무한한 지속이 아니라 무시간성으로 이해할 때, 현재 속에 사는 사람은 영원히 사는 것이기 때문이다.

3. 벌레의 관점, 인간의 관점, 우주적 관점

　　　　　우리는 이전 절에서 허무가 사실의 문제라기보다는 관점의 문제라는 지점에 도달한 바 있다(어쩌면 체질의 문제일 수도 있겠다). 세 가지 관점이 가능하다. 벌레를 향한 관점, 인간의 관점, 우주의 관점이 그것이다. 벌레를 향한 관점은 우리보다 작은 것을 바라보는 시선이다. 인간의 관점은 우리 자신을 바라보는 관점이고, 우주의 관점은 우리보다 큰 것(거의 무한)의 입장에서 우리를 바라보는 시선이다.

우리의 일상적 관점은 대체로 우리 자신을 향해 있거나(인간의 관점) 우리보다 작은 것을 향해 있다(벌레를 향한 관점). 즉 우리보다 작은 것을 보며 하찮게 여기거나(그래서 별 죄책감 없이 개미집을 마구 부수기도 한다), 일상에 매몰되어 자신의 일이 중요하다고 생각하며 안달복달 살아간다. 어쩌다 우리가 우주의 시선으로 바라보았을 때 비로소 인간사가 하찮고 무의미하게 느껴지는 것이다(우주까지 가지 않고 태산 정도의 높이에서 바라봐도 인간의 삶 따윈 초개와 같이 가벼운 것으로 여겨질 수도 있다登泰山而小天下, 공자). 유한을 무한의 시선에서 보면 가치가 거의 없는 것으로 보이는 것이 당연하다. 무한의 관점, 즉 우주적 관점을 취한다는 것은 유한한 분자를 무한이라는 분모로 나누는 것과 같다. 아무리 분자가 커도 그 값은 0으로, 즉 무의미로 수렴한다(예를 들면, 1억/무한=0). 하지만 외부의 관점에서 보면 하찮고 무의미하던 것이, 내부의 눈으로 평가하면 다시 중요하고 의미 있는 것으로 나타난다. 그것이 우리가 대부분의 삶을 보내는 일상적 관점이다. 우리의 시선은 이렇게 세 관점을 오고간다.

우리는 일상의 희로애락에 매몰되어 있다가도 가끔은 삶을 외부의 관점에서 볼 때가 있다. 그것은 카뮈가 길모퉁이를 돌아서다가 갑자기 무대장치가 무너져버린 듯한 부조리함을 느꼈던 순간이다. 이것은 헤겔이 말한 대자적 의식, 즉 자기의식적 존재가 자기를 대상화하여 바라볼 때 겪는 필연적인 문제인 듯하다. 허무를 느낀다는 것은 시간의 관점에서 현재의 시야를 벗어난 관점을 득했다는 것을 의미한다. 유한한 존재가 무한에 가까운 의식을 얻고 그 의식을 통해 유한한 삶을 되돌아 볼 때, 세상은 하찮거나 부조리한 것 또는 무의미한 것으로 나타날 수 있다. 이는 부조리가 세계의 객관적 속성 또는 그로부터 발생하는 문제가 아니라, 의식을 가진 존재가 자기를 외부에서 바라볼 때면 누구나 가질 수 있는 문제임을 보여준다. 유한한 삶을 사는 인간이든 영원한 삶을 사는 신이 있다 한들, 의식을 가진 존재라면 자기를 외부에서 바라보면서 마찬가지로 부조리함을 느낄 수밖에 없을 것이다. 부조리는 세계의 속성과 관련된 것이 아니라 의식이 자기의 외부에서 자기를 한계지어진 존재로 바라볼 때 발생하는 문제이기 때문이다. 이처럼 부조리를 의식적 주체가 외부의 관점에서 자기를 바라볼 때 발생하는 현상으로 본다면, 반성적 의식이 자기를 인식하는 상상 가능한 모든 우주에서 부조리가 발생할 수 있다는 결론이 나온다.

그런데 카뮈는 부조리를 외부적 관점에서 바라볼 때 발생하는 문제가 아니라, 살아가는 이유, 목적, 정당화를 요구하는 인간의 호소와 그에 대해 냉담하고 무관심한 이 허무주의적 세계 사이의 충돌에서 비롯한다고 보았다. 직접 카뮈의 말을 들어보자.

> 앞에서 나는 이 세계가 부조리한 것이라고 말했는데 그것은 지나치게 성급한 말이었다. 그 자체로 놓고 볼 때 이 세계는 합리적인 것이 아니다. 이것이 우리가 말할 수 있는 전부다. 그러나 부조리한 것은 바로 이 비합리와, 명확함에 이르려는 필사적인 열망과의 맞대면인 것이다.[8]

최성호 교수의 영문판 번역과 비교해 읽으면 좀 더 이해하기 쉽다.

세계는 그 자체로 합리적이지 않다. ··· 진정 부조리한 것은 이러한 세계의 불합리한 모습과 인간의 마음에서 요동치는 의미에 대한 강렬한 충동 사이의 충돌이다.[9]

언뜻 들으면 그럴듯하다. 그러나 과연 그러할까? 카뮈의 주장대로 "부조리는 인간의 호소와 세계의 비합리적 침묵 사이의 대면에서 생겨"[10]나는 걸까?

부조리는 인간 안에 있는 것도 아니고, 세계 안에 있는 것도 아니고 오직 양자가 함께 있는 가운데 있을 뿐이라고 나는 말할 수 있다.[11]

따라서 부조리에 대한 해법은 양자를 바꾸면 된다. "인간의 정신 밖으로 벗어나면 부조리는 있을 수 없다. ··· 세계 밖으로 벗어나도 부조리란 있을 수 없다."[12]

먼저 인간의 정신, 인간의 이성을 포기하면 된다. 예컨대 이 세계는 비합리적이지만 쥐는 이 세계에서 부조리를 느끼지 않는다. 쥐는 이 세계에 삶의 의미를 알려달라고 호소하지 않기 때문이다.

만일 내가 뭇 나무들 중 한 그루의 나무라면, 뭇 짐승들 중 한 마리의 고양이라면, 이 삶에 어떤 의미가 있을지도 모른다. 아니 차라리 이런 문제 자체가 제기되지 않았을 것이다. 왜냐하면 나는 이 세계의 일부분이기 때문이다. … 이토록 보잘것없는 이성, 바로 이것이 나를 모든 창조물에 대립시켜놓는 것이다.[13]

그러나 곧 카뮈는 인간이 이성을 포기할 수 없음을 인정한다. "나는 그 이성을 펜으로 확 지워버리듯이 부정해버릴 수는 없다." 그렇다면 이 세계의 바깥으로 나아가는 길이 남는다.

이 시론의 제3의 주제인 치명적인 회피는 다름 아닌 희망이다. 내세의 삶에 대한 희망, 혹은 삶 그 자체를 위해서가 아니라 어떤 거창한 관념, 삶을 초월하고 그 삶을 승화시키며 삶에 어떤 의미를 주며 결국은 삶을 배반하게 되는 어떤 거창한 관념을 위해 사는 사람들의 속임수 말이다.[14]

카뮈는 이것을 희망이라는 이름의 속임수로 폄하하며, 이 "희망의 본질은 종교적인 것"[15]이라고 거부한다. 카뮈가 종교, 내세, 희망을 거부하는 것은 무신론자로서 그것이 (진실이기를 바라지만) 진실이 아니라고 보기 때문이다. 그러나 만일 혹시라도 종교, 내세, 희망이 진실이라면, 카뮈는 부조리가 사라진다고 본다. "만약 이 세계도 인간처럼 사랑하고 괴로워할 수 있다고 인정하게만 된다면 인간은 마음을 놓을 것"[16]이기 때문이다. 여기서 카뮈는 결정적인 논리적 약점을 들킨다.

부조리가 인간이 우주적 관점에서 사물을 바라볼 수 있는 능력 때문에 생겨나는 게 아니라, 인간의 호소에 응하지 않는 이 세계 자체의 무의미라는 속성에서 비롯되는 것으로 볼 경우, 세상이 지금과는 다른 방식으로 존재한다면, 예컨대 이 우주가 절망에 빠진 카뮈에게 개인적인 관심을 가져주고 보듬어주는 우주일 경우, 의미에 대한 우리의 요구를 충족시킬 수 있으며 부조리는 사라진다는 것이다. 과연 그럴까?

나로서는 이해가 안 가기는 하지만, 일단 그렇다고 쳐보자. 이 우주는 어떤 인격신이 창조한 세계로서 인간은 신의 형상을 본떠 창조된 만물의 영장이며, 신께서는 모든 인간의 기도와 호소에 일일이 귀 기울여주는 자상하고 합리적인 분이라고 치자. 카뮈가 어느 날 문득 묻는다. "신이시여, 어찌하여 저를 태어나게 하셨습니까?" 그러자 신이 대답한다. "나는 사랑의 신이다. 너를 사랑해서 태어나게 했다. 너는 내가 부여한 성스러운 목적과 소명을 위해 사역하며 살기 위해 태어났다. 내 명령에 순종하며 선하게 살다가 다가올 최후의 심판을 통과한 뒤에 내가 건설한 천국에서 72명의 아리따운 여인들과 함께 영원히 살기 위해 태어난 것이다." 그러면 카뮈는 "와~ 그렇군요. 저의 호소에 이렇게 관심을 가지고 따뜻하게 답변을 주시니 부조리가 깔끔하게 해소되었습니다. 삶의 의미가 충만해집니다. 나는 행복합니다!!!" 이렇게 답해야 한다. 왜냐? 실제로 창조주가 존재하는 이상, 내세는 더 이상 희망이라는 속임수가 아니라 현실이기 때문이다. "삶의 의미, 정당성, 명증한 이해 가능성에 대한 인간의 본능적 갈망이 마침내 신성한 창조주에 의해서 응답되기 때문이다."[17] 실제로 카뮈가 원하는 게 이런 그림일 것 같지는 않다. '반항적 허무주의자'와는 어울

리지 않는 모양새다. 물론 카뮈는 (비자발적) 무신론자이므로 이 세계가 인간에게 관심을 가진 따스한 존재라는 전제를 받아들이지 않을 것이긴 하지만("그러한 선택은 존재하지 않는다. 그리고 바로 이 지점에서 삶의 쓰라짐이 찾아온다."[18]), 어쨌든 그 전제가 참이라고 가정할 경우 카뮈 식 부조리는 이렇게 카뮈적 세계관이 품고 있던 아우라를 잃은 채 우스꽝스러운 결말로 이어지게 된다.

애초에 이 우주가 인간의 호소에 관심을 가지고 응하는 따뜻한 세계이어야 한다는 발상부터가 유치한 측면이 있다. 인간에게 무관심한, 냉담한 물질 우주 앞에서 허무를 느낀다는 것에는, 인간은 우주에게 돌봄을 받아야 하는 나약한 존재라는 전제가 깔려 있는 듯하다. 이것은 어리광의 일종이다. 세계와의 관계 속에서 자기를 돌봄을 받아야 할 어린아이의 위치에 포지셔닝하고 있는 것이다. 인간의 역사에서 유아적인 단계에 머문 전근대적이고 미성숙한 멘털리티이다. 우주가 우리에게 무관심해도 끄떡없는, 아니 오히려 그러한 무관심이 우리의 주체적이고 자유로운 선택을 가능하게 해준다는 점에서 기꺼워하는 독립적이고, 강인한 마인드를 갖추는 쪽으로 갈 수도 있었다. 카뮈보다 2500년 전에 살았던 노자는 이 우주가 인간을 위해 존재하지 않을뿐더러 그 안에 존재하는 만물에 대하여 사랑이란 이름으로 간섭하지 않는다는 것을 갈파하였지만天地不仁以萬物爲芻狗, 도는 스스로 그러할 뿐道法自然이라고 노인네다운 담담함으로 이를 받아들였다. 카뮈가 말하는 "통일에의 향수"는 근대 자연과학이 밝힌 우주관에서 퇴행하여 전근대적 우주관이라는 엄마 품에 안기고 싶은 응석받이 어린이 짓을 하고 있는 셈이다. 인격적인 관심과 돌봄을 요구하지 않는 다른 방식의 '통일'도 있다. 바로 비인격적인 자연과의 합일을 추구하는 노장식 통일이다. 우주의 바짓가랑이를 잡고 엉겨 붙으려고 하지 않는 쿨한 방식의 합일이다. 카뮈가 노장사상을 공부하지 않은 것은 유감이다.

인간을 염려하고 관심을 기울여주는 창조주와 영원한 내세가 보장되는 세계가 존재한다면 부조리가 해소된다고? 아마도 유일신교도들의 부조리만 해소해줄 것이다. 아니 일부 유일신교도들이라고 하자. 어지간한 종교인들보다 더 종교적인 철학자라 할 수 있는 비트겐슈타인을 다시 호출하면, "내가 영원히 살아남는다는 것에 의해 수수께끼가 풀리는가? 영원한 삶은 현재의 삶과 똑같은 만큼 수수께끼가 아닌가?" 그렇다. 우주가 인간에게 냉담하지 않고 관심을 기울여준다 하더라도, 세상이 나만을 위해 돌아가는 천국에서 산다고 해도, 그러한 세계에서의 삶에 대해 우리의 자기초월적 의식은 다시 천국의 바깥으로 나가 외부의 제삼자적 시선에서 되물을 수 있다. "이 모든 것의 의미가 도대체 무어란 말인가?" 부모가 먹여주고, 재워주고, 입혀주고, 보살펴주며 애써 키워줘도 머리가 큰 자녀들은 이렇게 묻게 된다. "도대체 엄마 아빠가 나한테 해준 게 뭐 있어?" 한편으론 배은망덕하지만, 다른 한편으로는 부모의 품을 떠나 더 큰 세계로 나아갈 때가 온 것이다. 물론 대부분의 유일신교도들은 신의 품을 떠나지 않을 것이고 천국에서는 군이 결코 3인칭 시점을 취하려 하지 않을 것이다. 아니 거부할 것이다. 이들에게 천국의 바깥은 없을 테니까. 없어야 할 테니까. 고양이들이 이 세계에서 세계의 일부로서 통일성 속에서 살며, 그 바깥에서 스스로를 되돌아볼 의지나

능력이 없는 것처럼.

결론적으로 카뮈의 부조리 진단은 천국에서는 이성의 사용을 기꺼이 중단할 의향이 있는 일부 종교인들에게만 부합하는 반쪽짜리 진리다. 천국에서도 누군가는 반란을 일으킬 것이고, 외부의 관점을 취하며 삶의 부조리를 부르짖을 것이다. 예를 들어 반대신론자들은 천국에서 산다는 것에 더욱 부조리를 느낄 텐데, 왜냐하면 반대신론은 자신보다 도덕적으로 우월한 전지전능한 신의 계획에 봉사하는 피조물로 스스로를 자리매김하지 않고, 아무리 선한 신이 존재한다 하더라도 자신의 삶을 주체적으로 설계하는 능동적이고 자율적인 인간에게는 결코 바람직하지 않다고 보기 때문이다. 반대신론자에게는, 신이 있다면 삶의 의미는 없다.[19] (반대신론은 신이 존재하지 않는다는 무신론과는 다르다. 유신론자이면서 반대신론을 채택하는 것이 논리적으로 가능하며, 카뮈처럼 무신론자이면서 찬성신론자를 채택하는 것도 가능하다.)

4. 내부의 관점과 외부의 관점

부조리와 무의미를 자신의 깃발인 양 내세우는 허무주의의 뿌리가, 더 커다란 외부 존재의 관점에서 자기를 내려다보는 데서 비롯된다는 점을 작은 단위에서 큰 단위로 점차 시선을 확장해가면서 살펴보자.

개미들의 왕국이 있다. 여왕개미, 병정개미, 일개미, 애벌레 등 수백만 마리의 생명들이 나름의 질서 속에 살고 있는 개미집에 어느 날 난데없이 뜨거울 물이 홍수처럼 밀려 들어와 모든 개미들이 순식간에 몰살된다. 수많은 개미들의 삶의 터전이었던 곳이 불과 10분도 못돼 깨끗이 소멸된다. 어찌 된 일이었을까? 개미집에서 얼마 떨어지지 않는 곳에 사는 어린아이가 장난으로 끓는 물을 부어버린 것이다. 이 사건에는 개미들 입장에서는 어떠한 필연성도 없다. 목적도 의미도 없다. 그저 우연일 뿐이다. 수백만 개미들의 행복한 삶이 마치 존재한 적이 없었던 것처럼, 어느 날 갑자기 소멸할 수 있다는 사실은 개미들에게 자기의식이 있었다면 매우 부조리한 일이었을 것이다.

그런데 개미들한테는 운명의 신처럼 보였던 이 어린이 역시 부조리의 위협에 노출되어 있다는 점에서는 동일하다. 우리는 상상 속에서 그 어린이가 1950년대 거창 신원면의 산골 마을에 사는 어느 가난한 농가의 소년이었다고 가정해볼 수 있다. 가난하지만 단란하게 살던 이 소년의 가족은 어느 추운 겨울 아침, 갑자기 들이닥친 국군 제11사단 9연대 소속 군인들에 의해 신원국민학교로 끌려가 동네 주민 1천여 명과 함께 몰살당하는 운명에 처한다. 왜 그랬을까? 남부 지역에 출몰하는 공비 토벌에 방해가 된다는 게 그 이유였다. 군인들에게 소년 가족을 포함한 민간인들의 죽음은 작전에 흔히 수반되는 부수적 손실collateral damage일 뿐 북한군 잔당을 소탕하는 임무에 비해서는 중요성이 낮은 사안이었던 것이다. 단란했던 소년 가족은 개미왕국이 그랬듯 지상에서 한순간에 지워진다. 마치 한번도 존재하지 않았던 것처럼. 이 소년 가족의 입장에서 이러한 죽음은 분명 무의미하고 부조리한 것이었으리라.

　전시 민간인들의 생사의 운명을 좌지우지하는 병사들 역시 상위 존재인 장군의 관점에서는 하찮은 존재일 뿐이다. 박민규의 소설《죽은 왕녀를 위한 파반느》를 보면 무더운 여름날 사단장 방문을 앞두고 비가와서 부대 진입로에 흙탕물이 흘렀는데, 자갈이 더러워졌다고 사병들을 동원해 그 자갈들을 하나하나 물로 닦아서 광을 내는 장면이 나온다. 자갈을 다 닦고 난 다음에 선임하사는 다시 명령을 내린다. 자갈을 뒤집어서 뒷면까지 반들반들 하게 닦아놓으라고. 그런데 사단장에게는 사병들의 노고 따윈 전혀 중요한 문제가 아니다. 그냥 헬기 타고 와버린다. 애써 닦아놓은 자갈길이 허무하게 반짝일 뿐이다. 저 높은 곳에 있는 투 스타에게 사병들이 목숨을 거는 이병에서 일병으로의 진급 따위는 전혀 진급으로 보이지 않을 것이다. 훈련병의 관점에서는 이등병조차 하느님처럼 보이지만, 장군의 관점에서는 사병들 사이의 계급 상승이란 개미들의 소꿉놀이 같은 것일 뿐이다.

　물론 별 두 개짜리 사단장 역시 더 상위 존재의 관점에서는 하찮고 무의미한 존재로 여겨질 수 있다. 전설적인 국방부 장관 A모씨의 사례다. 어느 날 기분이 언짢아진 A 장관은 자기 밑의 별들을 다 집합시킨다. 별들이 부동자세를 취한 채 일렬로 집합한 가운데, A

장관은 '난닝구' 바람에 목에 수건을 두르고 왔다갔다하면서 군기가 빠졌다며 수건으로 별들의 가슴팍을 '파박' 소리가 나게 후려친다. 그러면 얻어 맞은 별들은 "소장, 홍!길!동!" 하며 관등성명을 복창해야 한다. 휘하병들에게 자갈길을 물광 내게 만들 정도로 위세당당했던 저 사단장도 국방장관의 눈에는 발 아래 채이는 숱한 '나부랭이'들 가운데 하나일 뿐이다. 물론 국방장관 또한 국군통수권자인 대통령에게는 장기판의 졸로밖에 안 보일 수 있다. 대통령 입장에서는 국방장관 정도는 정치적 국면전환의 희생양으로 언제든지 갈아 끼울 수 있는 30촉 전구만도 못한 존재로 여겨질 수 있다.

우리는 이처럼 중요하다고 여겨지는 것들을 하찮고 무의미하게 보이도록 만드는 더 큰 상위 존재를 계속 생각해낼 수 있다. 개미에서 시작해서 대한민국의 국군통수권자까지 관점을 높여왔지만, 이론적으로는 무한the Unlimited에 이르기까지 이러한 외부적 관점으로의 상승을 계속할 수 있다. 지루할 수도 있겠지만 우리 우주의 창조주를 만날 때까지만 상상력을 더 발휘해보도록 한다. 대한민국 대통령이 하찮고 무의미하게 보이는 더 높은 시선을 찾는다면 누가 있을까? 예전에는 일제가 조선의 국왕을 우습게 봤다면, 지금은 미국이 가장 여기에 가깝지 않을까 싶다(나는 여기서 정치적 사실에 대해 주장하려는 것이 아니라 논리적 가능성을 탐색하고 있다).

대한민국의 국군통수권자인 대통령 또한 세계 최강국 미국의 대통령 입장에서는 그리 높은 위상을 가진 존재로 보이지는 않을 것이다. 1994년 한국 국민 수백만 명 정도의 희생을 각오한 클린턴은 D-데이, H-아워까지 정해놓고 북한의 영변 핵시설 폭격을 결정하고 카운트다운에 들어가 있었다. 그때 김영삼 대통령을 비롯한 대한민국 국민은 마치 끓는 물이 홍수처럼 밀려 들어오기 직전의 개미 왕국처럼 아무것도 모른 채 평온한 일상을 보내고 있었다. '어떻게 감히 세계 11위의 무역대국에서 전쟁을?' 그건 한국인들만의 자기 과대평가일 뿐, 미국 입장에서 한국은 전략적 중요성이 크지 않은, 버려도 되는 낮은 패의 카드였던 것이다. 1945년 한국이 어디에 붙어 있는지도 모르던 미국의 일개 대령이 남북한 5천만 겨레의 운명을 좌우했던 38선을 그었던 것과 마찬가지로, 지금도 한국은 중국의 부상이라는 세계사적 격랑 속에 개미집처럼 쓸려갈 수 있는 미미한 존재일 수 있다. 이 상황은 한국인들에게는 부조리한 일일 것이다.

그런데 지구에서는 세계 대통령급인 미국의 대통령 또한 100조 개 행성을 거느린 초은하계 정부(가 있다고 치자) 입장에서는 아프리카 추장급의 변두리 우두머리에 불과할 것이다. 《은하수를 여행하는 히치하이커를 위한 안내서》에 나와 있는 것처럼 초은하계 정부에서는 지구인이야 알든 말든 상관없이, 수백만 년 전부터 지구의 공전 궤도가 새로운 은하계 여행 도로 건설에 방해가 된다는 이유로 지구를 철거한다는 계획을 공고하고 있었다 한다. 그리하여 몇 년 몇 월 며칠 몇 시를 기해 지구라는 행성과 그 위의 80억 인류와 생명체는 은하계에서 마치 개미집이 철거되듯 순식간에 소멸하게 된다. 용산 재개발에서 많은 자영업자들의 생사가 걸린 상가 건물이 공권력에 의해 허망하게 철거되는 것처럼, 초은하적 권력의 입장에서 지구 따위는 무허가 판자촌 같은 하찮은 철거 대상에 불과할 수 있다.

그런데 우리의 막강한 초은하계 정부가 속해 있는 이 우주를 창조한 신은 다른 평행 우주에 살고 있는데, 안타깝게도 우리의 창조주는 자신이 속한 신들의 계급 사회에서 별로 지위가 높지 못한 미관말직의 신이었다고 하자. 군대로 치면 이등병 정도밖에 안 되는 꼬맹이 신이었다는 것. 게다가 우리가 속해 있는 우주는 이 꼬맹이 신이 심심해서 장난으로 만들어본 수백 개의 우주 가운데에서 완성도가 매우 낮은 우주였다고 하자. 이 꼬맹이 신은 마치 도공이 한 개의 완전한 그릇을 얻기 위해 아흔아홉 개의 그릇을 깨듯 어느 날 갑자기 우리 우주를 아무 미련도 없이 파괴해버린다고 가정해볼 수 있다. 그리하여 100조 개의 행성에서 행복한 삶을 살고 있던 수백 경, 수천 해의 생명체는 한순간에 부조리하게 사라진다.

자, 개미에서 창조주까지 점층적으로 확장되는 이 모든 외부적 관점으로의 상승 과정은 무엇을 보여주는가? 내부의 시선으로는 중요하고 대단해 보이는 모든 것들이, 더 큰 외부의 관점에서 볼 때 하찮고 무의미해질 수 있다는 사실이다. 그리고 이러한 외부화 과정은 인간을 우주적으로 초라해 보이게 만드는 우주까지도 초라해 보이게 만들 정도로, 존재하는 모든 것에 대해 무한히 반복될 수 있다는 것, 따라서 존재하는 모든 것은 무의미하다는 주장이 가능해 '보인다'는 것이다. 여기서 '가능하다'가 아니라 '가능해 보인다'고 말한다는 점에 주목하자. 왜냐하면 이 외부의 시선이 더 큰 존재, 더 강한 존재의 관점이기는 하지만, 우리가 그 존재의 관점, 즉 작은 것은 하찮고 무의미하다는 관점을 곧이곧대로 수용해야 하는 것인지 의심해볼 필요가 있기 때문이다. 인간 삶이 무의미하고 부조리하다고 보는 허무주의의 관점은 더 큰 존재가 외부로부터 작은 것을 바라볼 때 나타나는 현상이다. 이때, 안에서는 보이지 않던 모습이 드러나는 긍정적 측면이 있지만 그럼에도 불구하고 이 또한 일면적인 시선에 불과한 것이다. 우리가 우리 삶을 부조리하고 허무하다고만 본다면 그것은 외부의 일면적 시선을 마치 전면적 시선인 양 무비판적으로 수용하는 것에 불과한 것일 수 있다. 외부라는 50퍼센트의 지분을 가진 부조리의 관점이 나머지 50퍼센트의 지분을 가진 내부의 관점을 무시하고 100퍼센트의 의사결정권을 행사하는 것은 월권행위가 아닐는지.

5. 부조리에 대응하는 자세 _ 아이러니

이제 우리는 부조리가 논리적으로는 절반 정도 지분만을 가진 외부 시선의 판단이라는 인식에 도달했다. 나머지 50퍼센트의 지분은 내부의 관점이 가지고 있다. 그렇다면 부조리에 대응하는 우리의 자세는 어떠해야 할까? 카뮈는 《시지프 신화》와 《반항적 인간》에서 부조리에 대한 영웅적 반항과 운명에 대한 경멸을 무의미한 세계에 대처하는 우리들의 바람직한 자세로 제시한다. 과학철학자 토머스 네이글Thomas Nagel은 〈부조리The Absurd〉라는 논문에서 "경멸을 통해 극복되지 못할 운명은 없다"는 식의 실존적 반항을 처방으로 제시하는 카뮈를 두고, 허술한 논리에 바탕을 둔 낭만주의에 불과하다고 비판한다.

네이글에 따르면 부조리의 본질은 인간이 자기 한계를 초월하여 우주적 관점에서 되돌아볼 수 있는 인식 능력을 획득함으로써 발생하는 지극히 인간적 현상이다. 부조리란 일상적 의식에서는 직접적으로 눈에 보이지 않던 사태의 본질을 꿰뚫어볼 수 있게 된 일종의 깨달음이다. 따라서 부조리가 가능하기 위해서는 우리가 일정 수준의 통찰력을 보유해야 한다는 전제가 필요하며, 부조리를 통해 우리는 세상의 더 깊은 이면을 볼 수 있다. 다만 세상의 깊은 곳에 존재하는, 메두사의 머리와도 같은 인생의 무의미함을 힐끗 보게 되면서 우리의 마음이 돌덩이처럼 싸늘하게 굳어버리는 부작용(?)이 나타날 수 있다는 것. 결국 부조리에는 세상의 본질을 통찰하는 긍정적인 면과 그 결과 허무감을 불러오는 부정적인 면이 결합되어 있는 것인데, 카뮈는 단지 부정적인 한쪽 면만을 보고 과장된 할리우드 액션을 취하고 있는 셈이다. 과연 부조리가 카뮈가 주장하는 정도의 고뇌를 불러오거나 영웅적 반항까지 들먹일 정도로 심각한 문제일까?

부조리함을 느끼는 사례로서, "현재 우리가 하는 일 가운데 백만 년 후에 중요한 일은 없다. 따라서 인생은 허무하다"는 주장을 들수 있다. 만일 이 주장이 참이라면, 같은 논리로 백만 년 후에 중요한 일 가운데 지금 중요한 일은 없다고 말할 수 있다. 특히, 현재 하는 일 가운데 백만 년 후에 중요한 일이 없다는 사실조차 지금 중

요한 일은 아니다.[20]

논리가 좀 꼬여 있지만 간단히 말하면, 만일 영원의 관점에서 아무것도 중요한 것이 없다고 한다면, 부조리라는 현상 자체도 별로 중요한 일은 아니다. 따라서 카뮈의 논리를 카뮈 자신에게 적용하자면, 별로 중요하지도 않은 일에 대해 고뇌에 찬 얼굴로 영웅적 반항이니 운명에 대한 경멸이니 하며 부르짖는 셈이 된다. 이는 논리적으로 모순된 태도이며 민망한 일이다.

어쩌면 이러한 허무주의는 부조리를 깨달은 자기 자신을 대견해하면서, 그것만이 유일한 진리인 양 제자리에 안주하는 것에 불과한 얄팍한 태도일 수 있다. 하지만 부조리의 깨달음은 변증법적 지양止揚의 과정에서 첫번째 부정이 이루어진 것에 지나지 않는다. 허무주의는 부정의 부정이라는 두 번째 단계가 더 남아 있음을 아직 깨닫지 못한 젊은이의 치기 어린 철학일지도 모른다. 일상을 외부에서 반성함으로써 부조리의 의식에 도달한 다음에는, 부조리 자체를 반성적으로 성찰함으로써 또다시 일상으로 돌아와야 한다. 만일 아무것도 중요하지 않다는 부조리의 철학이 옳다면, 부조리 자체 또한 중요한 일이 아님을 깨닫는 데까지 이르러야 한다. 즉 허무주의에 빠져 바바리 깃을 세운 채 담배를 꼬나물고 오만상을 찌푸리는 것이 유일한 대처가 아니라, 허무함 자체를 농담으로 웃어넘기는 태도가 가능함을 잊지 말아야 한다. "내 인생에는 목적도 없고 방향도 없고 계획도 없고 의미도 없다. 그래도 나는 행복하다"라고 말하는 스누피의 작가 찰스 슐츠Charles Schulz처럼 말이다.[21] 여기서 슐츠의 '그래도'를 '그래서'로 바꾸면 아이러니 함이 좀 더 두드러진다. 결국 허무주의는 이 세상에 중요한 것은 아무것도 없다고 주장하면서도, 허무주의만은 중요해야 한다는 식으로 자기만을 위한 예외와 특권을 인정해달라는 어리광에 지나지 않는 것일 수 있다.

우리가 눈으로 사물의 깊이를 인식할 수 있는 것은 두 개의 눈이 있기 때문이다. 두 개의 다른 각도에서 하나의 대상을 보기 때문에 자신이 있는 곳에서부터 그 물체까지의 거리도 알 수 있고 그 물체의 깊이도 알 수 있다.[22] 마찬가지로 우리는 일상의 의식과 부조리의 의식이라는 복수의 심안心眼을 통해 서로 다른 각도에서 세계를 바라볼 때, 존재의 역설적 본질에 대한 보다 깊이 있는 인식과 체험을 할 수 있는 것이 아닐까?

따라서 네이글이 말했듯 부조리에 대해 적절한 대응은 절망이나 영웅주의가 아니라 부정과 긍정의 시선을 모두 포함한 '아이러니'의 태도라고 할 수 있다. 여기서 아이러니의 태도란 일상적으로 사용되는 냉소주의적인 자세를 말하는 것이 아니다. 앞서 언급한 세 가지 모순되는 관점을 입체적으로 통일한 관점, 그리고 이 관점에서 비롯되는 역설을 긍정하는 태도를 말한다. 외부의 관점만을 취할 때, 세상이 부조리하게 여겨질 때, 작은 것이 하찮고 무의미하게 여겨질 때, 우리는 개미집에 끓는 물을 붓고, 무고한 양민 가족을 별 생각 없이 학살하게 된다.

6. 아이러니의 전략

네이글의 아이러니 개념을 좀 더 살펴보자. 백만 년은 지질학적 연대이고 100억 년 정도의 우주적 스케일에 비교하면 새발의 피만도 못해 보이지만, 70년 인생에 비교하면 어마어마한 시간이다. 백만 년의 관점에서 볼 때 70년의 인생이 중요하지 않다는 생각이 드는 것은 누구나 느낄 만한 일이다. 하지만 백만 년의 관점이 70년의 관점보다 과연 우월한 관점인가? 백만 년의 관점이 70년의 관점보다 사태의 진상을 더 정확하게 바라볼 수 있는 시간 척도인가? 아니라고 본다. 70년이라는 참새의 시간과 백만 년이라는 대붕의 시간을 두고 누가 중요한지를 따지는 것은 우스운 일이다. 대붕이 참새에게 "너의 삶은 중요하지 않다"고 할 수 있는가? 그냥 서로 사이즈가 다른 것이다. "참새가 어찌 대붕의 뜻을 알랴?"라는 말이 일반적이지만, "대붕이 어찌 참새의 즐거움을 알랴?"라고 대응할 수도 있다.

그런데 필자는 여기서 네이글이 말한 '아이러니'가 각자의 상대주의적 관점을 존중하자는 상투적인(?) 주장이 아니라는 점을 말하고 싶다. 아이러니는 인간이 참새에 불과한 주제에 대붕의 뜻까지 헤아리게 되었다는 모순적인 사실을 지칭하는 것이다. 여기서 중요한 것은 인간이 대붕의 뜻을 헤아릴 수 있게 되었음에도 여전히 현실에서는 참새라는 사실이다. 참새가 실제로 대붕이 되는 순간 존재와 인식 간의 모순에서 비롯되는 아이러니는 사라진다(결국 나와 우주가 하나라는 말은 우주적 관점에서 생각할 능력을 가지게 된 것을 마치 내가 우주 자체가 된 것처럼 과장한 데서 오는 뻥이라는 이야기). 지금 여기를 벗어나 모든 것이 끝났을 때를 생각해볼 수 있는 능력으로부터 허무감이 비롯된다. 예컨대 페르시아의 전제군주 크세르크세스가 백만 대군을 사열하면서 눈물을 흘린 것은 '백 년 뒤에' 이 가운데 한 명도 살아 있지 못할 운명임을 깨달았기 때문이다. 현재에 매몰된 관점에서는 허무감을 느낄 수 없다. 그런데 일상은 지금 여기에 존립한다. 우주적 관점을 지금 여기의 일생생활에 '무차별적으로' 적용하는 것은 방법적 오류다. 오늘 아들이 태어났는데 기뻐하지 않고, "언젠가는 죽을 운명인데 무엇이 기쁘단 말인가?"라고 반문하는 것은 사리분별을 못하는 자의 어리석은 판단이다. 현재의 삶에 우주적 관점을 적용하는 것은, 언덕길에서는 기어 1단을 넣어야 하는데 5단을 넣고 운전하려는 것과 같다. 당연히 차는 언덕길을 넘지 못하고 뒤로 밀려 내린다. 객관적 상황에 맞지 않는 주관적 관점을 밀어붙이는 오류에 불과하다.

《이방인》의 주인공 뫼르소는 부적절하게도 '아무것도 중요한 것은 없다'는 우주적 관점에서의 판단을 일상생활에 마구 적용한다. 어머니가 죽었는데 별로 중요한 일이 아니라고 생각하고, 애인이 사랑하냐고 물었는데 그것도 중요한 일이 아니라고 대답하고, 아랍인을 죽였는데 그것도 중요한 일이 아니라고 판단하고, 자신이 살인죄로 단두대에서 처형을 당하게 되었는데 그게 무슨 중요한 일이냐고 반문한다. 이러한 부적절한 기준 적용의 대가로 뫼르소는 사형을 선고받고 세상으로부터 추방되고 만다. 뫼르소의 행태는 문학작품에서는 심오하고 멋지게 보일 수 있을지 몰라도, 심리학적으로는 정상적인 감정 판단 능력이 결여된 사이코패스의 경우에 가깝다.

물론 우주적 관점의 효용을 전면 부정할 필요는 없다. 벗어나기 힘든 역경에 빠져 자살을 심각하게 고려하는 사람이라면, 우주적 관점을 적용하여 '이 또한 모두 지나가리라'라는 태도를 취함으로써 위기상황을 빠져나올 수도 있겠다. 하지만 안타깝게도 정작 우주적 관점이 필요한 상황에서는 어쩐 일인지 그러한 관점이 잘 취해지지 않는 경향이 있는 듯하다. 특히 시험성적이 안 나왔다고, 왕따를 당했다고 고층건물에서 몸을 던지는 학생들의 안타까운 이야기를 뉴스에서 접할 때면, 왜 정작 우주적 관점이 필요한 사람들은 우주적 관점을 취하지 못하고 그럴 필요가 없는 사람들은 잘 취하는 것인지 의아해진다. 우주적 관점은 양날의 칼과 같아서 부정적 결론으로 갈 수도 있고 긍정적 결론으로 갈 수도 있다.

이명박 정부의 탄압 속에서 자살을 택한 노무현 대통령의 유서를 보면 "삶과 죽음이 자연의 한 조각 아니겠는가?"라는 우주적 관점을 취하는 데까지는 도달하였지만, 여기서 '이 또한 모두 지나가리라'라는 인내의 방향으로 가지 않고, 세상을 초개와 같이 버리는 쪽을 선택하고 만 것이다.

'철학적 치료'의 관점에서 볼 때 현실의 곤경에 빠진 사람들은 우주적 관점을 '전략적으로' 적용함으로써 위기상황을 넘길 수 있는 반면, 철학적 허무에 빠진 사람들은 일상적 관점을 '전략적으로' 적용하는 방법을 채택할 수 있다. 후자의 사례로 스코틀랜드의 경험주의 철학자인 데이비드 흄의 경우를 들 수 있다. 그는 전 생애를 통해 인간의 목적이 무엇인지, 창조주를 위한 것인지 자기 자신을 위한 것인지 등의 형이상학적 문제에 빠져 괴로워했는데, 그런 경우에는 '평범한 생활의 행동, 일 그리고 업무' 속으로 자신을 던져버림으로써 존재의 수수께끼로부터 잠시 숨을 돌릴 수 있었다고 토로했다 한다. 흄은 인간사의 목적을 위한 열정과 분투가 만물의 원대한 계획에서 보자면, 인간의 거대하고 고결한 계획조차도 하찮아 보인다는 것을 알고 있었고, 인생의 단명과 불확실성을 생각해볼 때 그 모든 행복의 추구가 비루해 보인다는 것도 인식하고 있었다. 그럼에도 불구하고 흄은 우리의 행동이 가치가 없을 때조차 가치 있는 것처럼 믿도록 우리를 기만하는 '자연의 술책'과 기만에 속아주는 척하는 아이러니의 전략을 구사함으로써 카뮈의 주인공보다는 현명하게 인생의 바다를 헤쳐나갈 수 있었다.[23]

7. 천국과 지옥

애초에 우리는 시지프스가 영원한 형벌을 받는 기괴한 형태의 지옥에 있는 것으로 간주했다. 이제 그 지옥처럼 보였던 것은 사실 지옥이 아니라 약간은 낯선 모습의 천국에 가까운 우리

세계를 은유한 것이었음이 드러난다. 시지프스의 노동은 고통스러운 것이었지만, 그 고통의 부재가 오히려 또 다른 지옥일 수 있다는 점과 그 고통 속에서 기쁨을 캐낼 본능을 갖추고 있다는 점에서 의미 있는 작업일 수 있음이 드러난다.

매년 지구를 한 바퀴 도는 새들에게, 만일 새장 속에 집을 갖추고 많은 음식을 먹으며 보호를 받음으로써 더 이상 떠돌지 않게 되는 상황이 온다면, 그것은 전혀 구원이 아닐 것이다. 그것은 오히려 저주에 가까울 것이다. 왜냐하면 그들에게 중요한 것은 행위 자체이지 행위를 통해 얻고자 한 대상이 아니기 때문이다. 힘들게 먼 거리를 끊임 없이 비행하는 것은 그들의 핏줄에 흐르는 본능이다. 신들이 자비롭게 이식함으로써 시지프스의 핏줄에 흘렀던 끝 없이 바위를 굴려 올리려는 충동과 정확히 똑같은 것이다.

당신은 숨을 최초의 숨쉬기를 시작하면서부터 살고자 하는 당신 내부의 의지에 조응해왔다. 벌레나 새들과 마찬가지로 당신은 더 이상 삶이 가치 있는지, 또는 삶으로부터 어떤 중요한 것이 나오는지를 묻지 않는다. 산다는 것의 목적은 삶 그 자체다. 살아가는 것이 당신의 본성이라는 점에서 말이다. 당신은 자신의 성채를 지으면서 삶을 이어간다. 각각의 시작들은 다음 순환이 시작되면서 시간 속으로 사라진다. 그러나 이 모든 것을 벗어나 쉬는 것은 전혀 구원이 아니다. 그것은 저주가 될 것이다. 자신이 만들어낸 성과를 바라볼 수 있다는 것만으로는, 그것이 아무리 아름답고 영원하다 하더라도, 당신은 그 저주로부터 결코 구원받지 못할 것이다.

중요한 것은 당신이 새로운 과업, 새로운 성채, 새로운 거품을 시작할 수 있어야 한다는 것이다. 그것은 그냥 실행되어야 하는 일이며, 당신은 그럴 의지가 있기 때문에 중요하다. 당신의 아이들의 삶과 그 아이들의 아이들의 삶 또한 그러할 것이다. 만일 철학자들이 그 속에서 시지프스의 삶과 같은 끊임없는 순환과 유사한 패턴을 보는 경향이 있다면, 절망스럽게도 그것은 그들이 찾고 있는 의미와 목적이 그곳에 있지 않기 때문이다. 하지만 이것은 자비로운 일이기도 하다. 삶의 의미는 우리 내부로부터 나온다. 그것은 외부로부터 주어진 것이 아니다. 그것은 아름다움과 영속성에서 인간이 꿈꾸거나 열망했던 어떤 천국보다 우월하다.

처음에 우리는 시지프스를 고통받는 타인으로 인식했다. 나와는 다른, 불행에 던져진, 저주받은 예외적 존재로 생각한 것이다. 하지만 삶의 의미를 찾는 철학적 여행 끝에 우리가 도달한 장면에서, 마치 영화 〈식스 센스〉의 주인공이 맞았던 반전처럼, 나와 시지프스는 사실은 동일인이라는 것을 알게 되었다. 시지프스의 삶은 원초적으로 무의미해 보였지만, 그것은 하나의 부분적 관점에 불과한 것이며, 고통과 반복의 과정 속에서 유의미함을 발견할 수 있는 두 가지의 가능성을 찾아냈다. 그것은 주관적 만족과 객관적 가치라는 의미의 원천이었다.

신전으로 비유된 객관적 가치는 처음에는 구원의 가능성으로 보였다가, 사라짐과 권태라는 한계에 부딪혀 다시 무의미의 사막으로 돌아가는 듯했다. 하지만 이것은 우리가 우주적 관점이라는 무한에 가까운 거리에서 유한한 것을 바라볼 때 생기는 착시였음이 밝혀지면서 반전의 반전이 일어난다. 즉 객관적 가치는 오히려 사라짐이라는 바로 그 특성 때문에 우리를 권태라는 무의미로부터 구원해주며, 그리하여 주관적 만족을 위한 실천으로 우리를 이끌어주는 삶의 의미의 원천으로 재반전을 이루며 귀환한 셈이다.

이제 우리는 무의미하다고 보았던 세계 속에서 의미를 발견할 수 있는 통찰력을 얻게 되었다. 그것은 삶 속에서 주관적 만족과 객관적 가치라는 의미 구조를 읽어내는 밝은 눈이다. 사실 인생이 무의미하다는 카뮈의 독단적 확신과는 달리, 인생이 무의미해지려면 꽤 까다로운 조건들이 필요하다. (무의미의 세부 조건에 대해서는 5장의 마지막에서 다루기로 한다.) 따라서 우리가 일견 무의미해 보였던 시지프스의 삶에서 의미 요소를 발견해낼 수 있었던 것은 어쩌면 생각보다 어려운 과제는 아니었을 수도 있다.

여기서 간과되지 말아야 할 것은 주관적 만족과 객관적 가치는 삶의 의미를 구성하는 실체적 성분이라기보다는, 삶의 의미를 인식하는 프레임에 가까운 것이라는 점이다. 예를 들어 적도라는 기준으로 지구를 인식하면 지구는 남반구와 북반구로 나뉜다. 얼핏 보면 이것으로 지구의 전체 모습이 포착된 것이 아닌가 착각할 수 있지만 이것은 단지 추상적 얼개를 파악한 것에 지나지 않는다. 적도 개념 하나로 지구 전체를 이해했다고 주장하는 것이 무리인 것처럼, 주관적 만족과 객관적 가치는 삶의 의미를 바라보는 하나의 프레임일 뿐이므로 이것으로 인생의 의미 전체를 포착했다고 주장할 수는 없다. 이제 겨우 의미에 다가가는 밑그림을 하나 얻은 것에 불과하다.

4

더 커다란 의미를 위하여

"어른이 되고 나면, 여러분은 자기 삶을 움직이는 힘을
반드시 재발견해야 한다."

– 조지프 캠벨

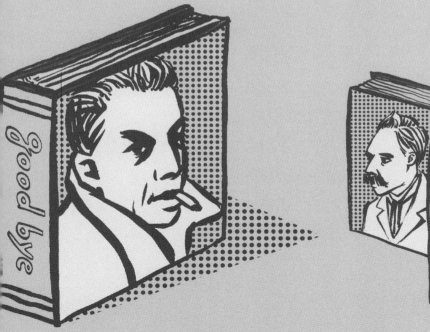

주관적 만족과 객관적 가치라는 테일러의 발상을 통해 삶의 의미에 대한 하나의 프레임을 얻었다. 하지만 이것으로 삶의 현장에서 지침으로 삼기에는 너무 추상적이다. 보완되어야 할 미비점도 있다. 아직 의미의 세부 설계도가 완성된 것은 아니다. 테일러 모델의 약점은 무엇이고 빠트린 것은 무엇인지를 살펴본 다음, 보다 정교한 의미 체계를 그려보도록 하자.

1. 객관적 가치를 통한 주관적 만족

테일러 모델의 첫번째 약점은 단순히 주관적 만족에 이르는 본능 충족(바위 굴리기)과 객관적 가치(신전)를 통한 주관적 만족의 차이를 엄격히 구별하지 않는 것이다. 나는 주관적 만족이 반드시 객관적 가치와 만나야 한다는 좀 더 엄격한 제한을 의미의 조건으로 제시하고 싶다. 만일 이 조건이 전제되지 않는다면 우리는 굳이 '의미'라는 말을 쓸 필요가 없을지도 모른다. 객관적 가치로 이어지지 않는 주관적 만족에 그친다면 굳이 '의미'라는 난해한(?) 개념을 도입할 필요없이, 이해하기 쉽게 '행복이 인생의 목적이다'라고 선언해버리는 것으로 충분할 것이다. 우리가 행복이나 인생의 목적이라는 말을 쓰지 않고 '인생의 의미'라는 개념을 쓰는 것은 행복과 목적을 넘어서는 무언가를 의미라는 용어가 담고 있기 때문이다 (이에 대해서는 5장에서 '의미의 의미'를 다루면서 검토하도록 하겠다). 누군가 인생의 의미가 행복이라고 한다면, 그는 행복에 대해 엄청난 과대평가를 하고 있는 셈이다. 행복은 대체로 어떤 일이 완결되었을 때 보상으로 나타나는 일시적인 긍정적 감정이다. 그렇다면 또다른 긍정적 감정인 설렘은 왜 인생의 의미라고 하지 않을까? 설렘은 일의 시초에 느끼는 불안하면서도 긍정적인 감정이다. 왜 하나의 감정이 다른 감정보다 삶의 의미에 더 가까울까. 설렘에는 약간의 불안감이라는 부정적 요소가 포함되어 있기 때문에? 그렇다면 황홀은 어떤가? 어쩐지 온건한 느낌의 행복보다 황홀이 훨씬 강렬한 정서 체험일 텐데 왜 우리는 황홀을 인생의 의미나 목적이라고 얘기하지 않을까? 행복이 인생의 의미라고 한다면 틀린 말까지는 아니지만, 인생의 의미 가운데 가장 낮은 단계에 속하는 것에 매달리고 있다는 것을 지적하고 싶다. 의미는 행복을 부분집합으로 포함하지만 행복보다는 훨씬 크다. 의미 탐색은 행복 추구보다 더 엄격하고 어려운 작업이다.

주관적으로는 만족스럽지만 객관적 가치를 생산하지 못하는 삶에는 세 가지 경우를 생각해볼 수 있겠다. 첫번째는 객관성이 결여된 주관적 환상 속에서 사는 삶이고, 두 번째는 환상은 아니지만 주관적 만족의 좁은 틀을 벗어나지 못하는 삶이고, 세 번째는 객관성은 존재하지만 그 가치가 너무 하찮은 삶이다.

먼저 주관적 환상 속에서 사는 삶은 무지로 인한 행복 또는 진실로부터의 소외일 수 있다. 어떤 돈 많은 여자가 자신을 사랑해주는 남자와 결혼해서 오랫동안 행복하게 살았다 하자. 하지만 그것은 그 여자만의 착각이었고, 실상은 그 남자는 여자를 농락하는 카사노바였으며 그는 사랑은커녕 오직 돈만을 노리고 위장 결혼한 것이었을 뿐, 그 여자의 돈을 빼내서 그가 진짜 사랑하는 다른 여자와 딴 살림을 하고 있었던 것이라고 하자. 그 돈 많은 여자는 가짜 사랑내지는 사기꾼의 사랑에 행복을 느끼며 살 수 있었겠지만 이 여자의 삶이 과연 의미 있다고 할 수 있을까? 만일 당신이 그 돈 많은 여자라면 어떻게 하겠는가? 불행해지더라도 환상에서 깨어나 진실을 직시해야 한다고 생각하는가 아니면 죽을 때까지 진실을 모른 채 행복하게 사는 게 낫다고 생각하는가? 주관적 만족만을 기준으로 삼을 경우에는 당연히 후자를 선택할 것이다. 그렇게 생각하는 사람이 있다면 그것은 인생이 단지 '행복과 즐거움으로 채워질 빈 그릇'에 불과하다고 평가절하하는 것은 아닐까?[1]

두 번째는 많은 일반인들이 착각하는 것처럼 행복 같은 주관적 만족이 인생의 의미에서 필요충분조건이라고 생각하는 것이다. '행복하기만 하면 돼!'라는 태도다. 하지만 우리의 열정을 찾아서 그것을 추구하는 것, 즉 주관적 만족은 삶의 의미의 필요조건에 불과하다. 주관적 만족이 박탈당해 즐거움과 자부심이 결여된 삶은 무의미하다고 할 수 있다. 그런데 주관적 만족이 어떤 객관적 가치가 없는 것으로부터 얻어질 때 그 삶이 의미 있다고 할 수 있을까? 철학자 수전 울프는 그렇지 않다고 주장한다. 예를 들어 평생 톨스토이의《전쟁과 평화》를 필사하는 것에서 즐거움을 얻는 사람이 있다 할 때, 그 삶이 의미 있다고 할 수는 없다(정확히 표현하면 의미가 아주 없지는 않으나 별로 크지 않다고 하는 것이 맞겠다). 자기자신을 제외한 누구에게도 쓸모없는 일이기 때문이다. 만일 그가 자신의 작업이 의미 있다고 생각한다면 그것은 착각에 불과하다. 사이비 종교집단의 회원들은 교주의 뜻에 따라 재산과 몸을 바치면서 행복을 느낄 수도 있지만, 제3자의 관점에서 그들의 삶은 무의미하다.

세 번째로, 객관성은 존재하지만 너무나 하찮은 가치에 기반한 삶을 생각해보자. 이것은 기껏 부분적으로만 의미 있는 삶이라 할 수 있다. 2장의 마지막 절에서 테일러의 주관적 욕구가 내면에서 오는 주체적인 욕망이어야 한다는 조건을 달았다. 외부에서 주입된 사이비 주관적 욕구가 가능하기 때문이다. 그런데 내부로부터의 욕망도 객관적 가치가 확인되어야 진정한 욕망이라 할 수 있다. 내면에서 우러나오지만, 객관적 가치가 현저히 낮은 욕망이 가능하기 때문이다(마약, 섹스, 게임, 도박 등 중독성 욕구들). 폴 새가드Paul Thagard는《뇌와 삶의 의미The Brain and the Meaning of Life》에서 폭력적인 비디오 게임을 하며 점점 더 높은 점수를 따는 것에서 행복을 느끼는 사람의 사례를 들며, 주관적 만족(행복)과 객관적 가치에 대해 이렇게 말한다. "그다지 의미가 없어도 행복해질 수 있고, 그다지 행복하지 않아도 의미가 있을 수 있다. 그러므로 행복은 삶의 의미가 아니다. 의미 있는 삶은 단지 행복을 얻는 삶이 아니라, 추구할 가치가 있는 목표들이 있는 삶이다."

그러므로 아무리 행복을 보장한다 하더라도 의식을 가진 인간이라면 객관적으로 가치가 없는 바위 굴리기만으로는 부족하다. 테일러의 시지프스는 "오래오래 행복하게 살았답니다"라는 동화 버전의 결말을 보이는 것 같지만 정확히 말하면 "오래오래 행복하게, 하지만 무의미하게 살았답니다"라고 말하는 것이 올바를 것이다. 차라리 주관적 만족이 없을지라도 객관적 중요성이 큰 일을 하는 사람의 삶이 더 의미 있을 수 있다. 만일 커트 보네거트Kurt Vonnegut가 《타이탄의 미녀The Sirens of Titan》에서 묘사했듯, 인간 활동의 궁극적 목적이 난파한 우주선에 작은 쇳조각을 전달하는 것인데, 그 우주선의 목적은 전혀 중요하지 않은 여행을 그저 지속하기 위한 것이라고 한다면, 인생의 목적은 그 수단을 정당화하기에는 너무도 하찮을 것이다.[2] 신들의 자비로 무의미를 느끼는 의식이 마비되어 바위 굴리기에서 행복을 느낀다 하더라도, 그것이 시지프스의 삶을 의미 있게 만들기에는 너무나 하찮은 일이 아니겠는가?

객관적 가치가 없는 것에서 주관적 만족을 추구하는 것은 대체로 어처구니 없는 광경을 연출하는 경향이 있다. 중국의 실제 사례로 거액의 복권에 두 번이나 당첨된 사람이 세 번째 당첨을 노리다가 사기죄로 10년 형을 선고받은 경우가 있다.

상가 보안요원으로 일하던 마훙핑(1961년생)은 2003년 가을 500만

위안의(8억 원) 복권에 당첨된 데 이어 2004년 여름 또다시 500만 위안에 당첨되었다. 두 번의 당첨으로 마씨는 '복권 당첨왕'으로 유명세를 타기 시작했다. 이때부터 그의 인생은 크게 달라졌다. 마씨는 세 번째 500만 위안에 당첨되어 전국 최고가 되고 싶었다. 스스로 복권 당첨 비결을 터득했다고 여긴 그는 세 번째 당첨을 위해 3년 동안 하루도 빠지지 않고 매일 복권을 샀고 결국 큰 빚을 지게 되었다. 이후 그는 복권 살 돈을 구하기 위해 큰돈을 벌게 해주겠다며 주변사람들을 상대로 자금을 모아 결국 사기죄로 10년 형을 선고받았다.[3]

마홍펑이 추구했던 3번의 복권당첨이라는 목표는 주관적 만족을 주는 가치일 수는 있어도, 세상 사람들에게 어이없는 웃음을 선사한다는 정도의 가치를 빼놓고는 객관적 가치는 거의 없다. 객관적 가치가 없는 것에서 주관적 만족을 추구하는 사람이 실제 결과적으로 주관적 만족을 얻는 경우는 거의 없다. 그 이유는 우리가 객관세계와의 관계 속에서 살아가는 '세계-내-존재'이기 때문이다.

주관적 만족과 객관적 가치에 대해서는 네 가지 조합이 가능하다. 가장 좋은 것은 객관적 가치를 창출하는 일에 전념함으로써 주관적 만족을 얻는 삶이다. 창조활동을 즐기면서 작품을 만들어내는 예술가나 진리를 추구하는 학자의 삶이 이에 해당할 수 있겠다. 다음으로는 객관적 가치가 높지만 그로부터 주관적 만족이 크지 않은 삶이 가능하다. 어떤 의무감에서 대의명분에 투신하는 삶이 그런 예가 될 것이다. 이토 히로부미를 저격한 안중근 의사의 경우가 그러하지 않을까? 나라의 원수를 갚기 위해 적국의 우두머리를 암살하는 일은 객관적으로 가치가 커다란 일이지만, 사랑하는 아내와 자식들, 어머니를 두고 서른둘에 처형을 당해야 하는 심정은 주관적 만족과는 거리가 멀다. 세 번째로는 이번 절에서 다룬 사례처럼 객관적 가치는 없지만 주관적 만족이 있는 삶이고, 네 번째는 주관적 만족도 객관적 가치도 없는 삶이다. 아무리 노력해도 가난의 고통을 벗어나기 힘든 상황에서 일 자체에서 전혀 즐거움과 보람을 느낄 수 없는 파편화되고 소외된 노동을 단순 반복하는 저소득 일용직 노동자의 삶이 여기에 가까울까? 소외된 노동도 객관적 가치는 생산한다. 소외된 노동의 기회조차 가지지 못하는 비자발적 실업자들이 네 번째 모델에 가장 가까울 것이다. 일률적으로 말하기는 어렵지만 다른 조건이 같다면, 객관적 가치와 주관적 만족이 통합된 첫번째의 삶이 바람직하다. 두 번째와 세 번째 삶 사이에서는 사람마다 선택이 갈리겠지만 의미의 측면에서 볼 때 두 번째의 삶이 더 의미가 큰 삶이라 할 수 있을 것이다.

중문학자이자 명상가인 박석 교수는 예수, 석가, 공자, 노자 등 동서양 성인들의 삶을 비교, 평가한 흥미로운 글에서 필자와 비슷한 논리로 왕자로 태어나 인간사의 기본 욕구를 만족시키고, 그에 머물지 않고 깨달음이라는 객관적 가치를 실현하여 인류에게 전파한 석가모니의 삶이 가장 이상적인 깨달음의 모습이라고 말하고 있다. 그에 따르면 예수는 거룩하고 드라마틱한 삶을 살았지만, 급진적인 혁명을 추진하다 젊은 나이에 십자가에 못박혀 죽었다는 점에서 자연스러운 삶이 되지 못하였다고 보았다. 이와 반대로 노자는 물과 같은 유연함을 갖추었지만 은자의 길을 택함으로써 자신의 모든 욕망을 현실에서 실현하지도 못했고, 자신의 성취를 당대의 대중과 나누지 못했다는 점에서 한계가 있다고 보았다. 공자는 예수처럼 급진적인 주장을 펼치다가 죽임을 당하지도 않았고, 노자처럼 현실을 등진 은자의 길을 택하지도 않았으며, 평생 자신의 정치적 포부를 펼치기 위해 노력하였고 많은 제자를 길러냈지만 살아생전에 현실 정치에서 자신의 뜻을 펼치지는 못했다는 안타까움이 있다. 이상의 성인들이 모두 한둘씩 한계가 있는 데 반해 석가모니는 가장 완성도가 높은 모습을 보였다는 것이다.

그는 왕자로 태어나 부귀와 영화를 모두 누렸다. 먹고 싶은 것, 입고 싶은 것, 아름다운 여인 등의 현실적인 욕구를 모두 충족시켰다. 그런 뒤에 그것을 버리고 내면적인 진리를 추구하여 그것 또한 성취하였다. 석가모니는 자신의 가르침을 널리 전하였으며, 살아 있을 때 이미 최고 성자로서의 명망을 얻었다. 당시 석가모니를 따르던 사람들은 인도의 최고 지성인들에서부터 비천한 신분의 사람에 이르기까지 천차만별이었다. … 이상으로 보아 석가모니는 한 생애 동안에 가장 낮은 욕구로부터 가장 높은 욕구에 이르기까지 전체적으로 두루 완성하였다고 할 수 있다. … 그리고 죽은 뒤에도 2,500년이라는 긴 세월 동안 그 명성이 유지되었다. … 이와 아울러 석가모니의 삶 속에는 기쁨과 슬픔, 고통과 쾌락, 부귀와 빈천이 파노라마처럼 펼쳐져 있다. 그는 왕자로 태어났으나 거지 생활도 거쳤다. 극도의 쾌락도 맛보았지만 극도의 고통도 맛보았다.

… 늘 기쁨과 쾌락에 젖어 있는 것은 아직은 미성숙한 깨달음이다.

빛이 있으면 그림자가 있듯이 기쁨과 쾌락이 있으면 슬픔과 고통도

같이 있는 것이 훨씬 성숙되고 전체성에 가깝다.[4]

박석 교수는 성인들의 삶의 완성도를 평가할 때, 객관적 가치만을 기준으로 하지 않고 주관적인 욕망의 충족까지 총체적으로 감안한다는 점에서, 객관적 가치를 통한 주관적 만족을 삶의 의미로 보는 필자의 삶의 의미 모델과 유사한 것으로 보인다.

2. 변화와 성장

테일러 모델의 두 번째 약점은 주관적 본능의 충족에서 다른 동물보다 유달리 강한 인간의 특성인 의식의 측면을 무시하고 있다는 점이다. 시지프스의 삶이 무의미한 이유 가운데 하나는 변화와 성장이 없는 지루한 반복이 지속된다는 데 있다. 테일러의 사고실험에서는 본능의 충족에 따른 만족감 때문에 지루함은 면할 수 있지만 시지프스 삶에 변화와 성장이 없다는 약점이 있다. 의식적 존재인 인간은 본능적 욕구가 충족되더라도 변화와 성장이 없다

면 의미를 느끼지 못할 수 있다. 가미야 미에코의 글을 인용해본다.

사는 보람감이 기쁨에서만 생기는 것은 아니다. … 여러 감정의 기복과 체험의 변화를 담고 있어야 삶도 충실할 수 있다. 단순히 숨만 쉬는 것이 아니라 삶의 내용이 풍요롭고 충실하다는 느낌, 그것이 사는 보람감의 중요한 일면이 아닐까?[5]

생활에 변화가 없으면 인간은 따분해진다. 그것은 정신이 건강하다는 증거로, 마음이 병들면 따분함은 느낄 수 없게 되는 경우가 많다. 가령 뇌수술로 전두엽 일부에 손상을 입은 사람은 자발성을 상실해 매일 아무 목적 없이 멍하니 지내도 전혀 따분해하지 않는다. … 뇌수술을 받지 않아도 만성 분열증인 사람은 같은 양상을 보인다. 그렇다면 이 '따분함을 느끼는 마음'이야말로 인간의 건강의 상징이고 진보의 원천이라고 할 수 있다.[6]

이러한 관점에 따르면 어떤 변화나 새로움, 성장 없이도 단지 본능이 충족되었다고 만족스러워하는 테일러의 시지프스는 '뇌 손상에 따라 자발성을 잃은' 환자의 사례와 다를 바 없다. 이것이 진정 의미 있는 삶일까?

먼저 변화와 새로움의 환경적 요소를 살펴보자. 우리가 가진 정보에서 시지프스를 둘러싼 풍경은 지나치게 메마른 느낌이다. 황량한 바위산과 뜨거운 태양만 있는 듯한 이미지다. 변화의 계기나 다양한 요소가 없다. 이것이 무의미감을 불러오는 큰 요인이 아닐까?

시지프스의 산에는 꽃이 피는가? 밤이면 달은 뜨는가? 봄, 여름, 가을, 겨울이 있는가? 새가 지저귀고 귀뚜라미가 노래하는가? 저녁놀은 아름답게 물드는가? 숲속을 뒤흔드는 청량한 바람소리를 들을 수 있는가? 가끔 구름이 지나가며 시원한 소나기를 뿌리는가? 피곤한 발을 시원하게 담글 실개천이 돌돌 흐르는가? 어쩌면 사소해 보일 수도 있지만 다채로운 환경의 미세한 변화를 통해서도 무의미감이 일정 수준 감소하는 것을 느낄 수 있다. 시지프스를 둘러싼 풍경이 단조로우면 단조로울수록 그만큼 그의 삶은 무의미할 것이다. 반대로 풍광이 다채로워지는 만큼, 새로운 체험의 폭이 넓어지는 만큼 시지프스의 무의미는 좀 더 줄어들지 않을까? 예전에 필자의 외삼촌이 뇌종양으로 시한부 삶을 선고받았을 때 외사촌 동생들이 제일 먼저 한 일은 지프차를 산 것이다. 그동안 외삼촌이 가족 부양에 힘쓰느라 여행을 많이 못 가보셨으니 돌아가시기 전에 전국 방방곡곡을 돌아다니며 여행시켜 드리겠다고 생각한 모양이다. 우리가 생각하는 의미 있는 삶은 이처럼 체험의 다양성을 요구한다. 정범모 교수는 《인간의 자아실현》에서 다음과 같이 묻는다.

동해에서 해가 떠오르는 새벽을 본 적이 있는가? 그 장관을 본 적이 없다면 그 인생은 그만큼 모자란다. 달밤에 백설이 파랗도록 소복이 덮인 산속 송림松林 사이를 거닐어 본 적이 있는가? 그 정신마저 투명해질 듯 청량한 경관을 모른다면 그 인생은 그만큼 텅 비어 있다. 은령銀嶺에서 찬 바람을 가르며 스키를 타보았는가? 그 장쾌한 맛을 모른다면 그 인생은 그만큼 가난하다. 달동네에서 살아보았는

가? 살지는 않았더라도 찾아가 본 적이 있는가? 그 정경을 외면했다면 그 인생은 그만큼 좁다.[7]

삼성의 이건희 회장이 어려서부터 부자로만 살아온 탓에 먹고 살기 위해 돈을 벌어야 하는 봉급쟁이의 마음을 이해하지 못하는 게 자기 약점이라고 고백한 적이 있다. 그만큼 그 인생의 체험 폭이 좁은 것이다. 아주 부자로 태어나 정상에서 고독하게 사는 것이 삶의 의미 차원에서 풍요로운 삶은 아닐 수 있다. 슬픔, 좌절, 고통, 가난을 모른 채 삶의 양지만을 골라 평온하게 사는 것은 좁게 사는 삶이며, 크게 의미 있는 삶은 아닐 수 있다.

다음으로 변화와 성장의 주관적 요소를 보자. 테일러가 고안해 낸 행복한 시지프스의 바위 노동에는 안타깝게도 성장이라는 요소가 없다. 동일한 바위를 동일한 즐거움 속에 동일한 방식으로 굴려 올리는 동일한 삶이 '단순재생산'되고 있을 뿐이다. 그것이 왜 문제인가? 어떤 사람이 피아노를 배워서 친다고 하자. 예컨대 동요 〈작은별〉처럼 난이도가 낮은 가진 곡이라 하루 이틀이면 금세 배울 수 있다고 하자. 이것을 배운 다음 평생 동안 이 곡만 치는데, 매일 똑같은 곡을 매일 똑같은 방식으로 전혀 변화 없이 친다고 하자. 더 이상의 실력 향상에는 전혀 관심이 없이 동일 패턴으로, 하지만 매일 즐거운 마음으로 치고 있다고 하자. 다른 곡들로 레퍼토리를 넓힐 생각도 없고, 같은 곡을 해석을 달리해서 쳐볼 생각조차 하지 않는다. 이러한 연주가 평생동안 매일 계속된다고 하자. 이 사람이 설사 여기서 기쁨을 느낀다고 하더라도 삶의 의미 면에서 만족스럽다고 볼 수 있을까? 그렇지 않을 것이다. 왜냐하면 인생의 의미에는 단순한 주관적 행복 외에도 변화와 성장, 배움과 진보 같은 가치 요소가 필요하기 때문이다. 주관적 만족은 우리를 행복한 현재에 머무르게 하려는 속성을 가진다. 반면 의미는 우리를 만족스런 현재에 머무르지 말고 더 나아가도록, 변화하고 성장하도록 앞에서 손짓한다.

따라서 시지프스의 반복 노동이 본능 충족을 넘어서는 의미를 가지려면, 그 안에서 변화와 성장의 요소가 있어야 한다. 예를 들면 시지프스가 반복되는 노동 속에서 바위 굴리기를 실험하고 연구하여 일을 개선하는 경우를 생각해볼 수 있다. 처음에는 한 손으로 밀어보고, 다음에는 두 손으로도 밀어보고 몸으로도 밀어보면서 힘이 들어가는 차이를 느껴볼 수 있다. 바위의 위쪽을 밀어보고 아래쪽을 밀어보고 가운데를 밀어보면서 어느 쪽이 가장 쉽게 올릴 수 있는지를 실험해볼 수도 있다. 올라가는 코스도 A코스, B코스 등으로 구분하여 시간을 측정해볼 수 있다. 그리하여 노동이 반복되는 가운데 시지프스의 바위 올리기에 대한 지식은 점점 더 축적되고 일의 효율은 점점 더 높아진다. 더 큰 객관적 가치를 생산하면서 더 큰 주관적 만족을 얻을 수 있게 된다. 이 그림에서는 바위를 굴려야 환희를 느끼는 본능이 없다 하더라도, 시지프스의 삶은 유의미해질 수 있다(혹시 공부를 싫어하고 몸 쓰는 것을 좋아하는 사람들은 반복되는 운동 속에서 보디빌딩을 시도할 수도 있겠다. 그리하여 처음에는 국민 약골 개그맨 이윤석 씨의 몸매로 시작하였지만 점점 근육이 붙어 아널드 슈워제네거의 육체미로 완성되는 시지프스를 상상해볼 수도 있다).

이것은 스스로 부여한 목적을 '의식적으로 실천'하고, 그 목적의 달성을 통해 자아를 실현하는 자기완성의 시나리오다. 여기서의 의식적 실천 활동은 테일러가 말하는 '본능적 실행'의 수준을 넘어선다. 본능적 실행의 목적은 주관적 만족(요새 유행어로는 행복)인데 반해 의식적 실천의 목적은 행복이 아니다. 행복은 단지 결과일 뿐이다. 의식적 실천의 목적은 자기 한계를 초월하여 자기를 상승시키는 것이다. 그 과정은 행복할 수도 있고, 행복하지 않을 수도 있으며, 심지어 불행할 수도 있지만 그것이 문제가 되지는 않는다. 자기완성은 행복보다는 높은 차원의 목표이기 때문이다.

여기서 삶의 목적은 신 같은 권위적 외부에서 부여되는 것이 아니라, 인간이 주체적으로 만들어 내는 어떤 것으로 나타난다. 이러한 자기완성으로서의 삶의 의미 개념은 사르트르의 실존주의 철학에서 제시하는 해법과 통한다. "신이 부여한 삶의 목적이 없다면, 네가 그것을 만들어라!" 이는 더 거슬러 올라가면 니체의 자기극복과 연결되며, 인본주의 심리학자 에이브러햄 매슬로Abraham H. Maslow의 자아실현 개념에 구현되어 있는 사상이다. 매슬로는 결핍동기와 구별되는 성장동기라는 개념을 도입하여 생리적 욕구 및 안전의 욕구 같은 하위 욕구들이 충족되는 전제 위에서 소속과 애정, 존경의 욕구를 거쳐 최상위 자아실현의 욕구로 상승해 가는 욕구 5단계 모델을 제시한 것으로 유명하다.

스스로 목적을 만들어내고 이를 통해 자기완성을 추구하는 성장의 모델에서 시지프스의 구원 가능성을 좀 더 자세히 살펴보도록 하자. 다음 절에서 외견상 시지프스의 바위 굴리기와 거의 유사하게 보이면서도 직관적으로는 훨씬 유의미하게 보이는 라인홀트 메스너의 히말라야 등정 사례를 통해 사고실험을 해보도록 하겠다. 이를 통해 테일러의 모델이 가진 한계를 넘어 좀 더 정교한 의미 체계의 설계도를 그려볼 것이다.

3. 시지프스 vs 라인홀트 메스너

이탈리아 산악인 라인홀트 메스너(1944~)는 인류최초로 히말라야 8천 미터봉 14좌를 완등한 인물이다. 특히 1978년에는 그때까지 불가능하다고 여겨졌던 세계 최고봉 에베레스트의 무산소 등정이라는 쾌거를 이룩한 산악계의 영웅이며, 더구나 대규모로 움직이는 다른 등반대와는 달리 셰르파의 도움을 받지 않고 최소 장비로 신속히 오르는 단독 등반이라는 새로운 스타일을 개척한 독특한 인물이다. 동생을 잃은 낭가파르바트(8,126미터)를 재도전한 과정을 그린 《벌거벗은 산》과 무산소 등정을 그린 《검은 고독 흰 고독》 등 빼어난 작품을 써서 산악문학상을 수상하기도 했다. 이런 성과를 바탕으로 그는 산악계의 전무후무한 스타가 되어 부와 명성을 얻었고, 나중에 EU 의회 의원의 자리에까지 올랐다. 갑자기 웬 라인홀트 메스너인가?

에베레스트 같은 8천 미터급 봉우리를 오르는 일은 시지프스의 바위 올리기에 못지 않게 육체적 한계상황과 맞서야 하는 일이다. 비록 바위를 굴리지는 않지만 산소가 부족한 고산지대에서의 등반에서는, 자기 몸과 등짐의 무게가 시지프스의 바위와 다를 바 없다. 수직으로 깎아지른 수백 미터의 빙벽, 지독하게 불어대는 눈보라, 발가락을 끊어낼 듯 에이는 영하 30~40도의 혹한, 희박한 산소를 벌충하기 위해 격렬하게 헐떡이는 심장, 산소 부족에서 오는 두통과 메스꺼움, 한발한발이 천근만근 같은 발걸음, 언제 닥칠지 모르는 눈사태와 크레바스 같은 죽음의 공포, 당장이라도 끈을 놓아버리고 하산하고 싶은 유혹, 무엇보다도 세상과 백만 광년 쯤은 떨어져 있는 듯한 고독감 … 숨이 턱밑까지 차오르고 한 발 걷고 한 번 쉬기를 반복하는 극한 상황 끝에 마침내 정상에 도달한다. 생각했던 흥분과 감격보다는 고요와 정적이 감도는 정상. 잠시 발 아래 온통 눈과 구름으로 하얗게 뒤덮인 세상을 내려다보며 감회에 젖지만 언제 눈구름과 폭풍이 몰려올지 모른다. 시지프스의 바위가 그러하듯 인간도 8천 미터의 정상에는 오래 머물 수 없다. 다시 올라온 길을 따라 하산해야 한다. 그것도 가능한 한 최대한 빠르게. 몇 달에 걸친 준비와 노력 끝에 힘들게 올라왔지만 허무하도록 짧게 정상에 머물다 내려와야 한다. 시지프스의 바위가 굴러 내려오듯, 메스너 역시 중력의 법칙에 몸을 맡기고 터벅터벅 혹은 미끄러지며 눈 산을 내려온다. 마침내 인간의 세상으로 귀환한 그는 나른한 휴식을 취하면서 자신의 등반을 음미한다. 하지만 오래 못 가서 다시 설산이 그를 부르고, 그는 또 다시 계획을 세우고 준비를 하고 정상에 도전한다. 라인홀트 메스너가 수천 미터급 산에 오른 것은 수백 번도 넘을 것이다. 수백 번을 올라갔지만 모두 다시 하산해야 했다. 정상에 영원히는커녕 30분도 머물 수도 없다. 올라가면 반드시 내려와야 하고, 내려오면 다시 올라가야 한다. 그것이 그의 운명이다.

이 그림이 시지프스와 무엇이 다른가? 육체의 한계를 시험하는 고통, 세상과 완전히 단절된 듯한 산 위의 고독감, 올라가면 다시 내려와야 하며, 아름다운 신전 같은 객관적 가치도 생산하지 못한다는 점에서 시지프스와 크게 달라 보이지 않는다. 빙벽을 기어오르는 하찮은 풍뎅이가 산을 정복(?)했다고 좋아하는 모습, 앞서 본 동굴 벌레의 경우와 무엇이 다른가? 무엇이 다르기에 라인홀트 메스너의 삶은 유의미하게 보이고 시지프스의 삶은 무의미하게 보였는가? 등산에서는 한 번 정상에 올라가면 다시 내려온다고 무의미해지지 않는다. 등산의 목표는 정상이지만 정상은 순환의 절반에 지나지 않는다. 다시 하산해야 하며 적당한 휴식을 취하고 또 다른 산을 올라갈 수 있다. 등산에서는 정상을 밟았다는 것만으로 의미가 생긴다. 그것이 목표이기 때문이다.

그렇다면 시지프스 또한 바위를 산 정상에 올려봤다는 것만으로 의미 있다 할 수는 없는가? 시지프스가 바위를 굴리는 산이 몇 미터짜리 봉우리였는지는 신화에 안 나와 있는 듯하다. 혹시 시지프스의 산이 8,848미터의 에베레스트였다면, 그의 바위 올리기에 의미가 생기는가? 라인홀트 메스너의 14좌 기록을 넘어 15좌에 바위를 굴려 올리면 의미가 생기는가?

아마도 의미가 생기지 않을 것이다. 왜냐하면 시지프스는 그러한 기록을 목표로 삼지 않았고, 거기에 가치를 부여하지 않았기 때문이다. 또한 메스너와 달리 시지프스에게는 그 기록의 가치를 인정하고 존경을 보내줄 외부 사회가 없기 때문이다. 메스너는 산 위에서는 단독자이지만 산 아래로 내려가면 연결된 사회가 있다. 반면 시지프스에게는 산 아래로 내려가도 속해 있는 사회가 없다.

만일 시지프스가 스스로 목표를 세울 수 있고, 외부 사회와 연결되어 그 목표 성취의 가치를 인정받고 존경받을 때, 어떻게 의미가 발생할 수 있는지 살펴보자.

4. 자기완성

시지프스가 매일 지루한 노동을 반복하다가 어느 날 갑자기 어떤 생각에서인지 스스로 목표를 세웠다고 하자. 예를 들면 가장 무거운 바위를 가장 높은 곳으로 가장 빠르고 멋지게 올리는 기술을 연마한다는 목표를 세웠다 하자. 그리고 이것을 자신의 한계에 도전하는 과제로 삼았다고 하자. 이것은 신이나 유전자가 본능에 새겨 넣은 욕망이 아니라, (그 욕망을 바탕으로) 주체적, 의식적으로 만들어낸 자기실현의 과제이다. 자신이 처한 조건과 자신이 가진 잠재력을 발휘하여 최고의 무언가를 실현하려는 기특한(?) 목표를 설정한 것이다.

그는 이것을 위해 훈련에 매진한다. 한 번, 두 번, 열 번, 스무 번, 백 번, 이백 번을 바위를 굴리면서 그는 바위에 의식을 집중한다. 이전에는 무의미한 반복 노동에 불과하던 무한한 되풀이 속에서 미세한 차이가 드러나기 시작한다. 점점 더 무거운 바위를 점점 더 짧은 시간 안에 올릴 수 있게 된다. 점점 더 몸놀림은 가벼워지고 테크닉이 발전해간다. 매번 똑같고 지루한 반복에 불과하던 바위 굴리기가 전혀 다른 새로움으로 나타난다. 그는 이제 바위에 대한 관심과 몰입에 빠진다. 도공이 흙과 사랑에 빠지듯 시지프스는 바위와 사랑에 빠진 것이다. 마침내 시지프스는 포정(《장자》에 나오는 유명한 백정)이 피 한 방울 안 흘리고 소를 잡듯, 아르헨티나의 메시가 상대 선수 속에서 무인지경으로 드리블을 하듯, 마이클 조던이 삼단 속이기로 화려한 덩크슛을 넣듯, 바위 굴리기에 있어 최고의 완전성에 도달했다 하자. 그는 바위가 정상에 머무는 찰나의 순간에 마치 시간이 사라진 듯한 무시간성 속에서 영원한 절정체험을 한다고 하자. 나와 바위가 하나가 되는 절정의 순간, 이제 뜨거운 태양도 바위의 무게도 황량한 풍경도 자신의 운명도 신들의 저주도 모두 흐릿한 배경 속으로 사라진다. 오직 지금 여기의 황홀함만이 찌릿찌릿 느껴지는 오르가슴의 순간이다. 더 이상 아무런 목적도 의식되지 않는다. 무목적적이라기보다는(우리가 그 자체로 목적이라고 어색하게 표현하는) 초超목적적인 상황이다. 바위 올리기 최고의 완전성에 도달한 그는 자기 자신을 예술적으로 재창조한 것이다. 무의미로부터 유의미를, 자기 자신의 존재의 이유를 스스로 만들어낸 것이다. 윌리엄 어니스트 헨리가 〈인빅투스Invictus〉에서 노래한 '내 운명의 선장, 내

영혼의 주인'이 된 것이다. 어쩐지 이제 무의미의 그림자는 조금 더 옅어진 것 같지 않은가?

자기완성이 무의미를 해소하는 조건이 되기 위해서는 주체적인 목표 의식이 있어야 한다는 제1조건만으로는 불충분할 수 있다. 달성하기가 너무 쉬운 목표를 세우는 꼼수가 가능하기 때문이다. 앞서 예를 든 피아니스트처럼 욕구충족을 위한 가치의 '단순재생산'에 머물러서는 자기의 완성이 아닌 자기유지에 그치고 만다. 따라서 자기완성의 목표는 자기의 한계를 초월하는 도전적인 목표이어야 한다는 제2조건을 충족해야 한다. 도전적인 목표란 더 커다란 가치를 생산하는 것을 의미하며, 더 큰 가치의 확대재생산을 통해 더 커다란 주관적 만족이 이루어지고, 그 결과로 더 커다란 자기완성이 가능해진다. 이제 객관적 가치와 주관적 만족의 의미 모델은, 더 큰 객관적 가치의 생산과 더 큰 주관적 만족이 교차 반복되면서 자기완성으로 이어지는 형태로 전환된다. 즉 삶의 의미는 객관적 가치와 주관적 만족의 '확대재생산'을 통한 자기완성으로 확장된다.

도전적인 목표를 단념하고 단순히 가진 것을 받아들이는 것에서 오는 행복을 추구하는 것은 단지 '게으름뱅이의 평온'일 뿐이다. 누가 더 의미 있는 삶을 사는 것일까? 가난 속에서 아이를 기르면서도 미래의 꿈을 위해 직장과 학업을 병행하느라 분투하는 부모일까? 아니면 산속에 스스로 고립되어 비활동적인 삶을 사는 은둔자일까? 뇌과학자 폴 새가드는 의식적 실천, 즉 일은 신경생리학적인 이유로 사람들의 삶에서 주요한 의미의 원천이 될 수 있다고 말한다. "도전적이지만 도달 가능한 목표를 설정하는 직업은 사람들에게 동기를 유발하는 과제들을 제공한다. 그 과제들이 본질적으로 즐거울 수 있는 이유는 목표의 선택과 달성이 뇌에 있는 감정 체계의 주요한 일부이기 때문이다. 대부분의 사람들에게는, 도전적인 과제를 끝마치는 것이 게으름뱅이의 평온보다 훨씬 더 만족스럽다."[8]

5. 시지프스에게 사회가 있다면?

　　두 번째 차이인 사회와의 연결을 생각해보자. 메스너가 사회에 속해 있듯, 시지프스도 연결된 사회가 있다고 하자. 여기서는 혼자 있을 때와는 달리 새로운 가치가 생겨날 수 있다. 예를 들어 여럿 가운데 가장 무거운 바위를 올리거나 가장 빨리 정상에 바위를 올리거나 가장 높은 산에 바위를 올리는 강한 시지프스는 다른 시지프스들의 존경을 받을 수 있다. 왜냐하면 강한 시지프스는 바위 굴리기를 하는 다른 시지프스들에게 참고가 되고 영감을 줄 수 있기 때문이다. 여기서는 강한 시지프스가 다른 시지프스 들에게 어떤 정보적 가치 또는 감정적 가치를 제공하고, 다른 시지프스는 존경이라는 사회적 가치로 보답하는 모습이 나타난다. 이처럼 사회라는 조건이 있느냐 없느냐가 구성원 사이의 가치 교환의 유무라는 차이를 불러온다. 그리고 가치의 교환 유무가 의미와 무의미를 가른다. 사회가 있다는 것은 메스너의 등반 기술을 '복제할' 가능성이 있는 타인들의 존재를 전제로 한다. 사회가 없다면 메스너의 14좌 등반은 주관적 자기만족 또는 개인 차원의 자기완성에 머무르지만, 사회가 있다면 메스너의 등반에 관련된 정보는 히말라야 14좌에 도전하려는 다른 알피니스트들에게는 '객관적으로 가치 있는' 정보가 된다. 메스너의 히말라야 14좌 등정은 인간의 한계에 도전하는 무수한 이들에게 희망과 영감을 준다. 그래서 메스너의 등반은 유의미하게 된다. 반면 시지프스의 바위 굴리기는 무의미하다. 시지프스에게는 봐주는 사람이 없고, 가치를 전달할 타인이 없다. 그것은 시지프스 개인의 주관적 만족으로 끝났다. 예술적으로 소를 잡던 포정의 기술은 오늘날 전달되지 못했다. 어찌 보면 메스너의 의미는 타인들을 통해 실현된 셈이다. 메스너는 어떤 가치를 사회에 전달했고, 사회는 관심과 존경이라는 가치로 보답하여 메스너로 하여금 주관적 만족을 얻을 수 있게 하였다. 결국 매슬로가 말하는 사회적 관심과 존경이 의미의 한 원천이 되고 있다. 그리고 이 사회적 가치는 개인의 주관적 만족을 뛰어넘는 객관성을 담보해준다.

메스너는 사회와 연결되어 있고, 시지프스는 사회와 단절되어 있다. 라인홀트 메스너는 산 위에서는 단독자였지만, 세상으로 돌아왔을 때 그에게는 사랑하는 가족이 있고 관심과 존경을 보내는 사회가 있었다. 시지프스에게는 그것이 없다. 시지프스는 세계와 맞선 단독자로서만 그려지고 있다. 시지프스가 바위까지 굴려가며 정상을 밟고 내려왔을 때, 설사 그 정상이 8천 미터급이 아니라 9천 미터라 한들 그 가치를 전달받고 환호해줄 타인들이 없다. 이를 통해 삶의 의미의 또 다른 원천은 우리가 사회적 존재라는 사실에서 비롯되는 것임을 알 수 있다.

사실 신들이 시지프스를 인간 세상에서 체포하여 유형지로 추방하는 시점에서 시지프스는 이미 의미의 가장 큰 원천인 사회적 관계로부터 단절돼버린 셈이다. 따라서 바위 굴리기라는 '추가적인' 무의미 행위를 하기 이전부터 이미 원초적으로 무의미한 상황 속에 던져진 것으로 봐야 한다. 테일러는 시지프스의 사회적 단절을 불변의 상수로 놓은 채 사고실험을 전개하는 한계를 가지고 있었다. 세계와 맞선 단독자라는 조건을 바꾸는 사고실험은 배제한 채, 오직 실존적 개인으로서의 의미만을 찾고 있었던 것이다. 의미는 관계 속에서 성립하는데, 시지프스는 단절된, 고립된 존재이므로 원천적으로 일정 수준의 무의미를 전제하는 셈이 된다.

노베르트 엘리아스Norbert Elias는《죽어가는 자의 고독》에서 실존주의자들의 의미 개념이 원자론적 개인이라는 '잘못된' 세계관에 기초해 있다고 비판한다. 즉 의미를 사회적 존재로서 구체적 인간이 가지는 범주로서 인식하지 못하고, 외부 세계로부터 고립된 내적 자아라는, 어찌 보면 고도로 개별화된 현대의 도시민적 특수성을 일반화하는 오류에 빠져 있다는 것이다. 그리하여 진공상태의 한 개인, 추상적이며 고립된 자아를 의미의 주체로 가정하고 이에 해당하는 의미를 찾지 못한다는 이유로 삶이 무의미하다는 결론으로 쉽게 빠지고 만다는 것이다.[9]

테일러의 사고실험 역시 삶의 의미를 찾는 것이 고립된 원자로서의 개인적 과업이라는 일면적 인식에 바탕을 두고 있는 셈이다.

하지만 의미는 본질적으로 관계 속에서 성립한다. 나와 세계 사이의 관계만 있는 것이 아니라, 나와 사회 사이의 관계도 있다. 본능과 가치를 추구함에 있어 우리는 원자적 개인으로서가 아니라 사회적 관계망 속에서 실천한다. 나는 홀로 던져진 존재가 아니다. 면면히 이어져 내려온 사회적·역사적 존재이다. 더 넓게는 생태적·우주적 관계망 속에 연결된 존재다. 결국 나 혼자뿐만 아니라 인간 모두가, 단지 인간뿐만 아니라 살아가는 생명체 모두가 시지프스들이라는 인식에 도달하게 된다. 나 혼자 시지프스가 아니라 우리 모두 시지프스라 할 때 어떤 상황이 발생하는가?

6. 우리 모두는 시지프스다 _ 공동체

4장을 마무리하는 단계에서 사회적 존재로서의 시지프스라는 지점까지 왔다. 이 지점에 오기까지 아직도 거론되지 않은 중요한 의미의 원천을 짚고 넘어갈 필요가 있다. 그것은 바로 사랑이다. 어째 교훈적 결말을 이끌려는 진부한 상투어로서 사랑을 끌어들이는 것이 아닌가 의심하는 독자도 있을 것이다. 하지만, 사랑은 뇌과학자이자 철학자이자 인공지능학자인 폴 새가드가 《뇌와 삶의 의미》라는 책에서 밝힌 인생의 3대 의미 가운데 하나이다. 뇌과학이 객관적 증거를 통해 밝혀낸 인생의 3대 의미는 바로 일과 놀이와 사랑이다. 이 셋은 철학적 사고실험이나, 윤리적 요청으로 나온 규범적 차원의 삶의 의미가 아니라, 사실과 증거에 근거한 실증적 차원의 삶의 의미에 가깝다. 어쩌면 일은 우리가 검토했던 객관적 가치의 창조와 닿아 있고, 놀이는 이성적 합리화가 필요없는 주관적 만족의 요소와 닮아 있다. 그러면 이제 사랑이 남는다. 여기서 사랑은 남녀 간의 연애 감정만을 말하는 것이 아니다. 사회적 존재로서의 인간 본질에 가까운 유대감에 해당하는 것이다.

새가드의 인생 3대 의미인 일, 놀이, 사랑 가운데 테일러에게는 바로 사랑이 결여되어 있다. 앞서 테일러는 두 사람이 함께 바위를 굴려도 의미는 발생하지 않는다고 주장했다. 과연 그럴까? 시지프스의 무의미에는 고통과 무목적성과 권태라는 요소 외에 고독이라는 요소도 있었던 것이 아닐까? 나는 테일러와는 반대로 두 사람이 바위를 굴린다면 비록 무목적성은 사라지지 않는다 하여도 노동의 고통과 반복의 권태는 경감될 것이며 그에 따라 무의미가 약간이나마 감소할 것이라고 본다. 김남주 시인의 〈함께 가자 우리 이 길을〉이라는 시를 읽어보면, 혼자 가던 길을 둘이 함께 갈 때 어떻게 가치가 발생하고 의미가 생기게 되는지 떠올려볼 수 있다.

함께 가자 우리 이 길을
셋이라면 더욱 좋고 둘이라도 함께 가자
…
가로질러 들판 산이라면 어기여차 넘어주고

사나운 파도 바다라면 어기여차 건너 주자

…

네가 넘어지면 내가 가서 일으켜주고

내가 넘어지면 네가 와서 일으켜주고

산 넘고 물 건너 언젠가는 가야 할 길 시련의 길 하얀 길

…

가다 못 가면 쉬었다 가자

아픈 다리 서로 기대며.

이 시에서처럼 동지애가 있는 시지프스들이 서로 도와가며 바위를 굴려 올리는 장면을 생각해보자. 한 쪽이 아프면 다른 쪽이 대신해주고, 한 쪽이 다치면 다른 쪽이 치료해주고, 한 쪽이 힘들고 절망에 빠져 있으면 다른 쪽이 위로하고 격려해주는 모습에서 우리는 여전히 무의미함을 느끼게 될까? (이것조차 무의미하다고 느낄 때, 도대체 우리가 찾는 의미는 어떤 것일까?)

만일 시지프스가 혼자가 아니라 둘일 뿐만 아니라, 게다가 그 둘이 남자 둘이 아니라 남자와 여자였다면 어떤 그림이 될까? 그들이 사랑에 빠지고 결혼한다면 어떻게 될까? 시지프스 부부가 힘을 합치고 그 사랑의 힘으로 바위를 굴려 올리고, 둘이 다시 정답게 산을 내려오는 그림은 시지프스 혼자서 바위를 올리는 고독한 그림과 마찬가지로 무의미한 것으로 보일까? 다시 그들이 아이들을 낳아 시지프스 가족이 된다면 어떻게 될까? 이제는 혼자 굴리지 않고 온 가족 모두 힘을 합쳐 바위를 굴린다면? 장구한 세월이 흘러 이 가족이

더 커다란 사회로 성장한다면? 그때는 새로운 의미가 사회로부터 생겨날 수 있지 않을까?

즉 시지프스가 혼자가 아니라 사회를 구성하고 있다면, 단지 시지프스와 세계 사이에서만 가치가 생겨나는 것이 아니라, 시지프스와 시지프스들 사이에서 사회적인 가치가 생겨나고, 여기에서 새로운 형태의 의미가 생겨나게 된다. 물질이 모여 일정 크기 이상의 별이 되었을 때, 그 별의 질량의 힘으로 새로운 원소가 생겨나듯, 사람들이 모여 일정 규모 이상의 사회를 형성할 때, 사회적 관계로부터 새로운 가치와 의미가 생겨나는 것이다. 예를 들어 아프거나 부상당한 시지프스의 몫까지 올려주는 '이타주의적' 시지프스 같은 새로운 가치 형태가 나타나기 시작한다. 더 효율적인 바위 굴리기 방법을 찾아내 이를 다른 이들에게 전수해주는 '교육자적' 시지프스도 나타날 수 있다. 혼자라면 불가능했을 크기의 바위도 여럿이 힘을 합치면 쉽게 굴려 올릴 수 있게 된다. 즉 혼자 있을 때는 무의미하던 개인들이, 여럿이 모였을 때 거기로부터 의미가 발생할 수 있다.

내 삶의 의미가 나 혼자만으로 성립하는 것은 아니다. 가미야 미에코가 말했듯 "우주로 고독한 여행을 떠나는 우주인도 지구에서 자신을 주시하는 사람들의 시선을 느끼기 때문에 무중력 상태로 떠나는 모험에서도 사는 보람을 느끼는 것이리라."[10] 이처럼 의미는 타인과의 관계 속에서 생겨날 수 있다. 예를 들어 의식 수준이 미약한 정신지체아로 산다는 것은 큰 의미가 없는 삶이라 볼 수도 있다. 하지만 그 정신지체아의 어머니에게 그 아이는 어떤 정상아보다도 더 의미 있는 존재가 된다. 나의 의미는 네가 만들어주고, 너의 의미는 내가 만들어주는 방식으로, 개인 속에서는 발견되지 않던 의미가 개인들 '사이'에서 생겨날 수 있다. 즉 내 존재의 의미는 너이고, 네 존재의 의미는 나일 수 있다. 이처럼 의미는 상호의존적인 관계 속에서, 상호지급보증하는 관계 속에서 성립할 수 있다. 나와 너가 고립된 개별자로는 무의미하지만, 너는 나를, 나는 너를 의미 있게 함으로써 우리 모두는 유의미해질 수 있다

7. 자아실현에서 존재의 완성으로

삶의 의미의 원천으로서 자기완성과 사회적 관계를 각각 살펴보았다. 인생의 의미로서의 자아실현은 일견 개인의 내면적 사건처럼 보인다. 그것은 '자아'라는 말에 '나'라는 어감이 너무 강해서 '자아실현'이 자칫 '나'의 욕심만 차리고 '나'의 길만 찾는 일이라는 어감을 풍기기 때문일 것이다.[11] 하지만 자기완성이 반드시 개인적 수준에서 진행되는 사건은 아니다. 자기의 범위란, 보통 자신의 의지로 움직일 수 있고 피부가 둘러싸고 있는 몸의 내부를 생각하지만(피부적 자아), 좁히면 크기는 없고 위치만 있는 한 점으로 줄어들거나(데카르트의 생각하는 나) 흄이나 불교처럼 자아의 실체성을 부정할 수도 있고(인상의 다발 또는 무아無我), 넓히면 타인을 포함하거나

(테레사 수녀의 이타주의), 더 크게는 계급적 수준이나 국가적 수준 (역사적 개인)으로 확장될 수도 있으며, 더욱 크게는 생태계 혹은 심지어 우주와 하나(깨달음의 경지)가 된다는 관점도 가능하기 때문이다. 서울이라는 도시의 범위가 조선 시대에는 4대문 안에 한정되던 것이 점차 4대문 밖 강북 지역으로 넓어 지고, 1970년대에 다시 강남과 송파를 포함하는 권역으로 넓어졌 듯, 자기의 범위도 정체성이 유지되는 한 관계의 확장과 더불어 신축적으로 경계가 정해질 수 있는 것이다. 뇌과학자 질 테일러Jill Taylor는 《긍정의 뇌My Stroke of Insight》에서 좌뇌가 나를 외부와 분리하여 자아감을 낳게 하며, 좌뇌의 특정 기능이 마비되면 나와 외부 사이의 경계가 사라지고, 몸의 분자와 몸을 둘러싸고 있는 공기 분자 사이의 경계가 사라지는 것으로 인식된다고 보고하기도 했다.

이는 자아를 공간적 크기의 관점에서 본 것이고, 시간적으로 볼 때도 정체성identity의 지속을 어떻게 해석하느냐에 따라 자아의 범위가 달라질 수 있다. 순간순간 새롭게 명멸하는 자아를 생각할 수도 있고(무아에 가깝다), 태어나서 죽을 때까지 기억의 연속성이 유지되는 유한한 자아를 생각할 수도 있고, 전생에서 현생을 거쳐 내생으로까지 이어지는 영원한 자아를 생각할 수도 있다(순간순간 새롭게 태어나는 자아에 대해서는 '지금 여기'를 모토로 내세우는 일부 명상계에서 높이 평가하지만, 기억이 10분 이상 지속되지 못하는 사람의 이야기를 다룬 영화 〈메멘토〉에서 보듯, 단기기억으로만 구성된 삶은 정체성이 파괴되면서 무의미한 모습에 가까워진다).

이처럼 자아는 시간적 공간적으로 축소하여 볼 수도 있고 확장하여 볼 수도 있다. 중국의 양주楊朱처럼 세상을 위해 터럭 하나도 내놓을 수 없다는 극단적 이기주의자로 살 수도 있고, 자신과 가족을 위해 사는 대다수 평범한 시민처럼 살 수도 있고(자식을 위해서는 기꺼이 죽을 수 있지만 아내를 위해 죽는 데는 소극적이라는 조사 결과도 있다), 대의명분을 위해 자기 목숨을 초개처럼 버릴 수 있는 전태일 열사나 체게바라 같은 역사적 개인으로 살 수도 있다. 공자가 말한 수신제가치국평천하의 순서로 자아를 단계적으로 성장시킬 수 있다. 공자가 생각했던 범위에서 더 나아가 간디나 스콧 니어링 같이 인간의 경계를 넘어 살아 있는 모든 생명과의 일체감을 느끼는 생태주의자로 살 수도 있고, 심지어 장자처럼 나와 세계는 하나라고 보는 우주적 스케일로까지 자기를 확장할 수도 있다. 이처럼 자아실현은 개인 속에 머물거나, 가족 안에 그치거나, 국가나 계급의 울타리에 안주하는 것만으로 완성이 끝나는 것은 아니다. 특히 이기주의와 자아실현을 구별해야 한다.

> '이기주의'는 자아의 주변부에 있는 말초적 욕구에 집착하는 것으로, 이 욕구가 충족되어도 진정한 보람감을 느낄 수 없다. 이에 비해, '자기 실현'의 경우, 실현되어야 할 자아는 '아집에 사로 잡힌 자아'가 아닌 '중심적, 본질적인 자아'다.[12]

본질적 자아실현은 자기완성을 넘어 인간의 완성으로 확장될 수 있다. 어쩌면 개인적 뉘앙스가 강한 자아실현보다는 공동체적, 보편적 바탕을 깔고 있는 인간실현이 더 적합한 표현일 수 있다. 간디나 석가모니 또는 스콧 니어링 같은 이들의 삶은 심지어 인간의 완성을 넘어 존재의 완성을 지향한 것으로 해석할 수 있다. 이들은 살아 있는 모든 것들에(특히 고통을 느끼는 생명체에 대해) 자비심을 가졌기 때문에 육식을 피하고 채식을 했으며 자연을 소중히 여기고 아끼며 소박한 자급자족의 삶을 살았다. 간디는 중병에 걸려서 생사의 기로에 놓였을 때에도 고기나 달걀을 먹으라는 의사의 조언을 거절했고 심지어 우유조차 입에 대지 않았다. 예수의 경우에는 "네 이웃을 사랑하라"는 가르침에서 보듯 보편적 인류애의 경지까지는 갔지만, 생명 일반에까지 사랑의 범위를 넓히지는 못한 것으로 보인다. 예수가 사람이 아닌 생명에 무관심했다는 증거로 윤리학자 피터 싱어Peter Singer는 두 가지 사례를 들고 있는데, 하나는 무화과 나무에서 무화과 열매가 없다는 것을 발견하고 홧김에 그 나무를 저주하여 시들게 해서 죽인 것이고, 다른 하나는 악마를 한 무리의 돼지 속으로 내던져서 돼지들이 바다에 뛰어들어 익사하게 만든 것이다.13

간디나 석가모니의 관점에서는 기독교적 휴머니즘조차 인간만의 에고이즘에 불과한 것이기 때문에, '인간실현'의 테두리를 넘어 생태적, 우주적 경지까지 가는 것이 자아실현의 궁극적 완성으로 보였던 것이 아닐까?(어쩌면 가능세계 이론이 시사하는 것처럼, 우리 우주를 넘어 다른 우주까지 포괄하는 더 큰 존재의 완성이 남아 있을 수도 있다.) 물론 간디의 경우에도 나타나듯 가족의 범위를 넘어서는 가치를 추구하며 사는 데 있어 평생 가족들과의 불화를 겪을 수도 있기 때문에(간디는 변호사가 된 후 돈벌기를 포기하겠다고 가족들에게 선언하여 의절을 당하기도 했고, 아내가 중병에 걸렸을 때에도 의사의 권고를 무시하고 육류, 계란, 우유를 먹지 못하게 해서 갈등을 일으키기도 했다. 간디에게 큰 영향을 주었던 톨스토이도 유사한 문제로 가족과 불화를 겪었다), 더 큰 자기완성에 조화롭게 도달하는 것은 매우 어려운 과제다.

5

의미와 무의미를 넘어서

삶에는 그 이상 올라갈 수 없는 어떤 정점을 나타내는
환희가 있다. 그런 것이 살아 있음의 역설이다.
그 환희는 살아 있기에 찾아오지만 살아 있음을
완전히 망각할 때에야 찾아온다.

― 잭 런던

우리는 지금까지 시지프스를 통해 인생의 의미가 어떻게 가능한지를 탐구했다. 그것은 객관적 가치 생산을 통한 주관적 만족이라는 프레임으로 구성되어 있음이 드러났다. 그리고 주관적 만족은 단지 본능적 욕망 같은 하위 욕구의 반복적 충족이나 행복감 같은 정적인 감정상태에 머무르기보다는 의식적 실천을 통한 자아실현으로 이어지고, 변화와 성장을 통한 자기완성으로 이어질 때 더 커다란 의미로 연결된다는 것을 보았다. 그리고 자기완성이 개인의 내면적 완성에 그치는 것이 아니라 타인과 사회, 역사, 진리, 생명 일반과 우주로까지 확장되는 자기초월적 구조로 이어지는 것임을 알게 되었다. 이 과정에서 객관적 가치실현을 통한 주관적 만족이라는 삶의 의미 프레임은, 객관적 가치실현을 통한 존재의 완성(주관적 만족→자기초월→자기완성→인간완성→존재완성)으로 전개되는 것임을 발견할 수 있었다.

그런데 이러한 의미 발견과정은 의미의 진공상태라는, 원초적 무의미의 초기조건을 상정한 다음 우리가 상식적, 직관적으로 의미가 있다고 생각한 요소들을 사고실험을 통해 귀납적으로 도입하는 방식으로 전개되었다. 이 과정은 흐름이 자연스럽기는하나 개념의 엄밀성을 따지는 철학적 방법론의 관점에 비춰볼때 약간의 불만족스러운 점이 있는 것이 사실이다. 즉 우리가 아직 의미 자체의 의미에 대해서는 충분히 따져보지 않았다는 약점이 있다. 테리 이글턴 Terry Eagleton이 말했듯, 철학자들은 질문에 답하기보다는 질문 자체를 분석하려는 '짜증나는' 습관을 가지고 있기 때문에 이들에 대한 최소한의 방어 차원에서라도 이제부터는 질문에 대한 질문을 던져보도록 하자.

우리는 이번 장에서 먼저 삶의 의미라는 질문이 나타나는 배경에 대해 살펴본다. 다음으로는 앞서 인생을 외부의 관점에서 살펴본 것처럼, 인생의 의미에 대해서도 내부의 시선만이 아닌 외부의 관점에서 대상화하여 살펴보는 방식(=선禪)에 대해 살펴봄으로써 삶의 의미의 새로운 차원을 보도록 하겠다. 마지막으로는 의미의 의미를 정의하고 거기서부터 연역적으로 도출되는 결론이 우리가 귀납적으로 도출한 삶의 의미와 어떻게 연결되는지를 확인해보도록 하겠다.

1. 인생의 의미를 묻는 까닭은?

삶의 의미에 대한 질문은 아무 때나 나온다기보다, 인생의 무의미함을 맞닥뜨렸을 때 발생하는 경향이 있다. 바쁜 일상 속에 파묻혀 있는 사람, 연인과의 달콤한 사랑에 빠져 있는 사람, 취미를 즐기느라 시간이 부족한 사람들이라면 어지간해서는 삶의 의미라는 형이상학적 문제가 말썽이 될 가능성은 크지 않다. 어쩌면 인생의 의미에 대한 물음은 하나의 질문이라기보다는 단순히 생의 곤경에 빠진 사람의 당혹감의 표현이거나 누군가에게 도움을 요청하는 절실한 구원의 몸짓일 수도 있다.[1]

사회적 존재로서의 인간이 진화 과정에서 타인의 마음을 추론하는 능력을 획득함으로써 진화적 적응성을 높일 수 있었다는 마음이론theory of mind으로부터 인생의 의미 문제를 설명하는 진화심리학적 견해도 있다.[2] 이에 따르면 타인의 행동에서 의도를 읽어낼 수 있는 개체가 더 생존과 번식의 기회를 높여 살아남게 되었는데, 삶에서 의미를 찾는 것은 타인의 행동에서 목적과 의도를 읽어내려는 시도를 비정신적 존재인 자연현상 또는 인생 같은 추상적 대상에 잘못 적용함으로써 발생하는 범주오류 사례 중 하나에 지나지 않는다는 것. 이 경우 의미를 추구하는 것은 마치 성욕을 충족하려는 것과 같이 그것이 잘못임을 알더라도 이성으로 제어하기 힘든 본능적 행위가 된다. 어찌 보면 이러한 진화심리학의 주장은 형이상학적 문제를 잘못된 언어 사용(범주오류)에서 비롯된 사이비 문제로 보는 논리실증주의자들의 주장과 궤를 같이 하는 것처럼 보인다. 다만 논리실증주의자가 언어 오용에 책임을 물었다면, 진화생물학자는 마음 이론을 담당하는 전전두피질prefrontal cortex에 책임을 돌린다는 차이가 있다.

재미있는 것은 실존주의자들처럼 인생의 의미에 대해 과장되게 고민하는 사람들이 있는 반면, 어떤 이들은 삶의 의미에 대해 거의 고민하지 않는 것처럼 보인다는 것이다. 심지어 그런 쓸데없는 질문에 빠지지 않은 데 대해 심리적으로 건강하다는 자부심을 가지는 듯한 태도를 보이기도 한다(신과 돈과 성공과 행복을 목사나 자기 계발서의 조언대로 열정적으로 추구하다 보면 그런 데까지 신경 쓸 겨를이 없을 가능성이 높다). 가미야 미에코는 이런 사람들을 일러 '기성세대'라고 부른다.

> 청년시절에는 사는 보람에 대해 고민하는 사람이 꽤 있지만 기성세대가 되면 그 생각이나 고민을 회피하는 것이 보통이다. 남성은 제대로 된 직업을 갖고 가족을 부양할 수 있으면 자신의 삶은 살 만한 가치가 있다고 간단히 결론내리고, 여성은 한층 더 단순하게, 일단 평화로운 가정을 꾸려 가족 모두 건강하고 즐거우면 그 중심에 있는 자신의 존재의식을 충분히 느낀다. 이렇듯 남성이든 여성이든 사회적 역할을 다하는 것만으로 인간의 존재의식이 충족될까, 하나의 독립된 인격으로서의 존재 이유는 무엇일까 하는 물음은 거의 의식하지 않는 것이 일반적이다. 그것은 일종의 방어본능일 수도 있다. 왜냐면 진지하게 그런 문제와 마주하면 자칫 지금까지 안전하게 보였던 대지에 갑자기 균열이 생기고 그 틈으로 깊은 수렁을 보게 되어 불안과 두려움에 시달릴 수 있기 때문이다.[3]

우리는 이러한 기성세대에 대해 '성찰하지 않는 삶은 살 만한 가치가 없다'는 소크라테스의 격언을 들이대며 조롱할 수도 있겠지만 철학자들의 말을 액면 그대로 받아들일 필요는 없겠다. 구두 수선이 직업인 사람은 다른 사람을 구두로 평가한다는 얘기가 있는 것처럼, 직업이 철학자인 사람이 철학적 성찰을 기준으로 타인을 평가하는 직업적 편견에 지나지 않을 수도 있기 때문이다. 소설가 박민규가 썼듯, 세상 어딘가에는 똥 닦는 모습을 기준으로 사람을 평가하는 인간도 있을 수 있다. 철학자 로버트 노직Robert Nozik(우리나라에서는 《아나키에서 유토피아로》로 유명하다)은 《인생의 끈》에서 철학을 인생보다 높은 곳에 두는 소크라테스에 반대하여 다음과 같이 말한 바 있다. "어찌 보면 인생이라는 현상 앞에서 인생에 대한 철학은 보잘것없는 것일 수도 있다. 왜냐하면 인생이라는 사실 자체가 인생을 살아가는 방법보다 더 중요하다고 여겨질 수 있기 때문이다."[4]

인생의 의미라는 문제를 깨닫는 단계에 이르는 것! 그것은 한편으로는 고통스럽지만 다른 한편으로는 상당한 정신적 성취임에는 분명하다. 배부른 돼지에서 배고픈 소크라테스로 상승했다는 징표로 볼 수 있다. 그런데 이러한 상승에 도취되어 인생의 의미에 과도하게 집착하는 사람들이 있다. 어쩌면 인생의 의미를 전혀 고민하지 않는 것 못지않게, 의미에 너무 심각한 의미를 부여하는 것 또한 바람직하지 못한 자세는 아닐까?

어쩌면 실존주의자들은 '인생'을 외부의 관점에서 바라보는 데는 성공했지만, '인생의 의미' 자체를 대상화하는 데는 실패한 것이 아닐까? 인생 자체를 외부의 관점에서 바라보았을 때 인생이 무의미하고 부조리하게 나타나듯이, 인생의 의미 자체를 의미의 외부의 관점에서 바라볼 때는 실존주의자들의 결론과는 다른 어떤 새로운 결론이 나올 수 있지 않을까? 다음 절에서 인생의 의미에 지나치게 몰입하는 실존주의에 비해, 삶의 의미에 별 관심을 보이지 않는 다른 유형의 철학, 즉 선禪에 대해 살펴보기로 하자. 이들은 삶의 의미를 고민하지 않는 점에서는 '기성세대'와 비슷하지만 그 이유는 전혀 다른 데 있다(여기서 실존주의라는 말은 카뮈로 대표되는 〔것으로 통속적으로 알려진〕 허무주의적 실존주의를 지칭하기 위해 약간은 '의도적으로' 왜곡해서 쓰는 용어임을 밝힌다. 실존주의의 스펙트럼은 매우 넓고, 그중 대부분은 사실 허무주의와 거리가 꽤 멀다).

2. 의미의 세 단계

인생의 의미에 대해서는 실존주의가 확고한 철학적 영역을 장악하고 있지만, 다른 편에도 만만찮은 경쟁자가 있으니 그것은 바로 선禪이다. 로버트 노직이 《철학적 설명Philosophical Explanations》의 마지막 장인 〈철학과 삶의 의미Philosophy and the Meaning of Life〉에서 소개하는 일화를 통해 인생의 의미에 대한 실존주의와 그 맞수인 선 사이의 차이를 극명하게 비교할 수 있다.

어떤 이가 외딴 동굴에서 명상을 하는 인도의 성자를 찾아 삶에 관한 한 마디를 구하기 위해 히말라야로 여행을 한다. 여행에 지쳤지만, 만족할 만한 답변을 얻을 수 있을 걸로 기대에 차서 그가 현자에게 질문한다. "인생의 의미는 무엇입니까?" 오랫동안 침묵을 지키던 현자가 눈을 뜨고는 말한다. "인생은 샘물이오." "인생이 샘물이라니 그게 무슨 뜻이죠?" 여행자가 소리쳤다. "나는 선생님의 답변을 듣기 위해 수천 마일을 여행했습니다. 그런데 해주시는 말씀이 고작 그게 전부입니까? 어처구니 없군요." 그러자 현자는 동굴 바닥에 앉아서 물끄러미 올려다보며 말한다. "그럼 인생의 의미가 샘물이 아니라는 거요?" 또 다른 버전의 이야기에서는 현자가 "그렇다면 인생의 의미는 샘물이 아닌 게로군"이라고 답했다 한다.[5]

여기서 질문자가 실존주의자를 대표한다면, 현자는 선을 대표한다. 현자는 질문자를 고뇌에 빠트렸던 삶의 의미에 대해 아무런 문제 의식을 느끼지 않고 있다. 누가 올바른 것일까? 일찍이 카뮈는 인생이 살 만한 가치가 있느냐 없느냐를 따지는 것이 단 하나의 중요한 철학적 질문이며, 나머지 문제들은 장난에 불과하다는 과격한 주장을 한 바 있다(카뮈의 기준대로라면 장난에 불과한 문제를 붙들고 평생 씨름하고 있는 현대 철학자들 대다수가 동의하고 싶지 않을 황당한 주장이다). 담배를 피워 물고 험프리 보가트처럼 카메라를 의식하는 듯한 찌푸린 표정으로 인생의 고뇌에 빠진 카뮈 얼굴 앞에서 누더기 차림의 현자가 일종의 허무개그를 하고 있는 격이다. "도란 무엇입니까?"라는 질문을 하러 찾아온 손님에게 "차나 한잔 들고 가시오"라고 답했다는 다른 선사의 일화와 유사한 구조의 이야기이면서도 좀 더 유머러스하다는 차이가 있다. 이에 대해 미국의 분석철학자 데이비드 슈미츠David Schmidtz는 다음과 같이 평했다.

> 실존주의자는 삶의 의미 혹은 무의미가 매우 중요하다고 본다. 인간은 의미를 추구하며, 의미를 찾지 못하면 스토아주의자가 되거나 절망에 빠지게 된다. 선에서는 의미는 추구할 만한 어떤 것이 되지 못한다. 의미는 우리에게 다가오거나 혹은 오지 않는다.
> 의미가 다가오면 우리는 받아들이면 된다. 의미가 다가오지 않는다면 그것도 그냥 받아들이면 된다. 어느 정도, 우리는 얼만큼의 의미가 필요한지를 선택할 수 있다. 아마도 현자는 의미를 필요로 하지 않도록 수련을 함으로써 평화에 도달할 수 있었을 것이다. 그것이 인생은 샘물이라는, 일견 무의미해 보이는 현자의 답변으로부터 얻을 수 있는 교훈일 수도 있겠다.[6]

우리는 앞에서 어떤 것을 내부의 시선으로 볼 때는 가치 있고 중요하게 나타나는 반면, 외부의 시선으로 볼 때는 하찮고 무의미하게 나타나는 경향이 있음을 보았다. 그렇다면 실존주의자들이 의미를 중요한 문제로 보는 것은 의미를 내부자의 관점에서만 바라보기 때문일 수 있다. 반면 현자가 의미를 중요한 문제로 보지 않는 것은 의미를 외부의 시선에서 바라보기 때문일 수 있는 것이다. 실존주의자들은 삶을 외부의 시선으로 보는 데까지는 성공하여 삶의 의미(또는 무의미)를 인식하는 데까지는 도달했지만, 삶의 의미의 외부로까지는 아직 빠져나가지 못한 것이 아닐까?

삶의 의미에 관해서는 크게 세 가지 태도가 가능하다. 첫째는 의미에 대한 무의식이다. 어떤 러시아 작가가 자신의 엄청난 성공에도 불구하고, 세속적 성공의 허망함에 절망을 느끼고 삶의 의미를 절실히 찾아 헤매던 시절에, 비참한 상황에서도 인생의 의미 따위에는 전혀 고민하지 않는 농노들을 보고는 아주 부러워했다 한다. 그 농노들은 인생의 의미 따위를 찾아 헤맬 만큼 삶이 공허하지 않았기 때문일까? 아마도 농노들이 삶의 의미를 고민하지 않았던 것은 삶을 의식적으로 성찰할 능력이나 기회가 없었기 때문이 아닐까? 이것은 동물들이나 어린이들이 삶의 의미를 고민하지 않는 것과 큰 차이가 없으므로 부러워할 수는 있을지언정 높이 평가할 일은 아니다(농노들이 모든 것을 신의 뜻으로 돌리는 기독교적 가치관을 가지고 있기 때문인 측면도 있지만, 의식적 성찰의 부재라는 상황은 동일하다).

삶의 의미에 관한 두 번째 태도는 실존주의적 태도다. 세계의 부조리에 절망하고 인생의 의미를 찾아 헤매는 태도이다. 삶의 의미는 아우슈비츠에서 살아남은 심리학자 빅터 프랭클의 사례처럼 힘든 환경을 극복할 힘을 부여하기도 하지만,《이방인》의 주인공이나 미첼 헤스먼의 경우처럼 무의미한 삶을 견지지 못하게 함으로써 필요 이상의 정신적 스트레스를 불러 일으키는 부작용을 가져오기도 한다. 실존주의자들은 일과 사랑과 놀이 같은 일상적 가치를 부정한다기보다 그것에 만족하지 못하고(카뮈 식 관점으로는 그딴 건 다 장난에 불과한 것이다!) 더 거창한 어떤 것을 냉정한 우주에 기대했다가 좌절하고는 영웅주의나 허무주의에 빠지는 경향이 있다.

이에 삶의 의미에 대한 세 번째 태도, 즉 선禪이 등장하게 된다.

이들의 모습은 삶의 의미를 고뇌에 차서 추구하지 않는다는 점에서는 앞서 언급한 러시아 농노들이나 물정 모르는 어린이들, 심지어 닳고 닳은 '기성세대'와도 비슷하다. 하지만 이들은 삶의 의미라는 문제를 처음부터 의식하지 않았던 게 아니라, 의미를 추구하던 실존주의적 단계를 거쳐서 그것을 초월했다는 점에서 농노들의 관점과는 질적 차이가 있다. 겉보기에는 아무런 걱정 없이 살아가는 어린이와 같아 보이지만 내면을 보면 어린이의 유치함childish이 아니라 어린이 같은 천진함childlike으로 차이가 있으며, 삶의 의미에 대해 다소 강박적인 추구를 하는 실존주의보다도 성숙한 단계로 볼수 있다.

비트겐슈타인은 《논리철학논고》에서 "인생의 문제는 해결되는 것이 아니라 해소되는 것이다"라고 말한 바 있다. 삶의 의미는 문제에 대해 정답을 제시함으로써 마치 잠긴 문을 열쇠로 열듯이 해결될 수 있는 성질의 것이 아니라, 문제를 일으켰던 조건들이 소멸함으로써(또는 그것을 소멸시킴으로써) 문제 자체가 사라져버리는 것이라는 의미로 읽힌다. 여기서 실존주의자가 정답을 찾아 문제를 해결하려고 골몰하는 사람이라면, 선사는 문제가 이미 해소되어, 문제 자체가 별 문제가 안 되는 사람이라 할 수 있다. 삶의 의미는 결국 문제라기보다는 화두였던 것이고, 우리로 하여금 최종적으로는 그것을 넘어설 것을 요구하고 있다. 마치 사다리를 딛고 올라간 다음에는 그것을 버리는 것처럼.

이 세 단계를 "산은 산이요, 물은 물이다"라는 유명한 성철 법어를 도올 김용옥이 4단계로 해석한 것과 비교해보자.[7] 이 당연하지만 무의미해 보이는 논리적 동어반복의 법어는 다음의 변증법적 전개

과정을 통해서 볼 때만 그 의미를 이해할 수 있다.

> 산은 산이고 물은 물이다.
> 산은 산이 아니고 물은 물이 아니다.
> 산은 물이고 물은 산이다.
> 산은 산이고 물은 물이다.

첫 행의 산을 산이라고, 물을 물이라고 인식하는 것은 어린아이 나 러시아 농노가 취했던 소박한 인식의 수준이다. 철학적으로는 소박실재론이라 불리는 단계, 카뮈 식 용어로는 무대장치를 현실이라고 착각하는 단계와 같다. 둘째 행에서는 자기의식을 획득하면서 갑자기 무대장치가 무너져버린다. 산이라고 생각했던 것은 산이 아니고, 물이라고 생각했던 것은 물이 아니었다는 깨달음. 영원불변의 진리라고 내가 알고 믿었던 것은 남들에게서 무비판적으로 수용했던 관습과 타성과 이데올로기가 주입한 허위의식이었다는 것. 여기서 삶의 진실을 찾으려는 실존주의적 고민이 시작된다. 즉 청년기의 자기부정과 허무주의라는 '비극의 탄생'이 나타난다. 셋째 행에서는 "결국 그는 산이 물이 되어버리고, 물이 산이 되어버리는 무차별의 공상空相으로 해탈/초월하지 않으면 안 되었다." 장주의 호접몽胡蝶夢이라든지, 반야심경의 공즉시색空卽是色, 색즉시공色卽是空이 제시하는 경지다. 나는 너고 나는 나다. 나와 우주는 하나이다, 이런 얘기들이 나오는 단계다. 그런데 여기가 끝이 아니다. 선은 이 단계를 다시 넘어서 화광동진和光同塵으로 간다. 서양의 기독교처럼 초월적 신과 내세를 향해 점프하는 것이 아니라 이 풍진세상으로 회귀한다. 먼지 나는 시장통으로 되돌아 온다. 현실을 해탈하고 초월하는 데서 끝내는 것이 아니라, 이 해탈과 초월을 다시 해탈하고 초월해야 한다. 인생은 유치한 어린이에서 시작하여, 자기부정의 청년기를 거치고, 나와 너가 하나라는 장년기의 깨달음을 거쳐 노년기의 어린이다움으로 돌아간다. 세계 속에서 안주하던 의식이, 세계의 부조리함을 저주하다가, 세계를 이해하게 되면서 마지막엔 사랑과 자비의 현실 긍정 속에서 표표히 세상을 떠난다. 마지막의 "산은 산이요 물은 물이다"는 1, 2, 3행에서의 현실 긍정과, 현실의 부정과, 부정의 부정 모두를 내부에 품고 있는 다차원의 경지다. 벌레의 관점과 인간의 관점과 우주의 관점을 자유자재로 왔다갔다할 수 있는 경지, 신의 관점에 가까운 경지, 그리하여 더 이상 부조리에 절망하지 않고 세상을 아이러니로 대할 수 있는 경지다. 이처럼 역설과 모순을 내부에서 조화롭게 통합할 수 있을 때 비로소 '인생의 의미는 샘물'이라는 농담이 가능하다.

이러한 단계는 물이 흐르듯 일정한 순서에 따른 발전 과정에 있는 것 같다. 물이 아래를 다 채우지 않고는 앞으로 나아가지 않듯이, 각 단계를 충분히 겪은 후에 다음 단계로 나아가야 한다. 선적 태도가 최종 단계이기는 하지만, 이전 단계를 충분히 거치지 않고 젊은 시절부터 선적인 태도를 취하는 것은 문제가 있을 것이다. 아주 어린 시절에는 삶의 의미에 대해 의식하지 않고 사는 것이 이상한 것이 아니다. 오히려 초등학생이 실존주의적 고민을 한다면 그것이 이상한 일이다. 아무런 인생의 성취도 이루지 못한 청년기에 벌써 해탈의 경지에 이르는 것도 어색하다. 이 시기에는 열정적으로 삶의 의미를 추구하고 성취를 이뤄낼 필요가 있다. 노년에 이르러서는 지나간 삶을 관조하고 죽음에 대비하면서 선적인 태도를 취하는 것이 적합할 것이다. 자신이 이뤄낸 성취에 대해 자부심과 보람을 느낄 수도 있고, "인생이란 게 별 거 아니었군"이라며 담담하게 흘려보내는 것도 그리 나쁘지 않다. 끝까지 가보지 않고 "별 거 아니군"이라고 말할 자격은 없다. 카뮈의 허무주의적 태도는 청년기의 철학이다. 그의 대표작 《이방인》과 《시지프 신화》는 20대에 쓰여졌다. 그래서 아직은 사춘기의 느낌이 묻어난다. 인간의 의미 요구에 무관심하고 냉담한 우주에 절망하는 카뮈의 모습에서는 부모의 사랑을 얻지 못해 좌절한 소년의 어리광이 느껴지기도 한다. 장년기에 이른 사람이 여전히 카뮈적인 태도를 취하는 것은 '나이착오적'이다. 앞에서 보았듯 카뮈보다 훨씬 앞서 우주의 냉정함天地不仁을 깨달은 노자의 경우를 보면 노인네다운 담담한 관조로 무심한 우주를 바라보고 있음을 알 수 있다. 인생의 각 단계에 맞게 기어 변속이 필요한 것이다.

3. 의미의 의미

먼저 '인생의 의미'란 말은 애매모호함으로 악명 높다. 인생이라는 말이 개인의 삶을 말하는지, 인류의 삶을 말하는지 불확실하다. 인류 전체라면 현대인만을 말하는지 아니면 원시인부터 현대인 및 새롭게 진화할 미래의 인간까지 모두를 말하는지 확실하지 않다. 한국인의 인생의 의미와 나이지리아 사람의 인생의 의미가 같은 것을 지칭하는지도 불확실하다. 조선시대 우리 조상들에게 인생의 의미라는 개념이 있었는지도 불분명하다. 노자와 장자는 도道를 물었을 뿐 인생의 의미를 묻지 않았다는 점에서, 아리스토텔레스가 썼던 개념은 인생의 의미가 아니라 인생의 '목적'이었다는 점을 볼 때 인생의 의미라는 질문이 인간이라면 가질 수밖에 없는 보편적인 형이상학적 질문이 아니라 서양의 근대적인 배경에서 나왔을 가능성을 배제할 수 없다.

의미란 말의 의미가 영어에서는 사전적으로 500개쯤 나온다는 조사가 있기도 하다. 그리고 '인생'이라는 말과 '의미'라는 말이 서로 조합이 가능한 관계인지에 대해서도 철학적으로 의견이 엇갈린 바 있다(처음엔 인생의 의미를 묻는 질문이 마치 "휘파람의 색깔"을 묻는 것과 다를 바 없는 전형적 사이비 문제이며 질문 자체가 원천적으로 불가능하다는 쪽이 우세했으나, 최근에는 인생의 의미라는 질문이 가능하다는 쪽이 우세한 듯하다).

게다가 인생의 의미라는 질문은 줄리언 바지니가 《빅 퀘스천》에서 말했듯, 생의 목적, 삶에서 추구할 가치, 생명의 기원 같은 여러 개의 상이한 질문들을 하나의 주머니에 집어넣은 다음 하나의 이름으로 부르는 것이어서 마치 하나의 질문인 듯한 착각을 불러일으키는 문제점도 내포하고 있다.[8]

그리하여 애매모호한 인생의 의미라는 개념 대신, 예전부터 사용해온 인생의 목적, 가치, 행복처럼 이해하기 쉬운 용어로 돌아가자는 주장을 하는 이들도 있다. 특히 가톨릭 배경의 학자 가운데는 인생의 의미라는 용어의 출현 배경이 근대 허무주의에 바탕을 두고 있다는 점을 들어 중세 신학이 받아들인 아리스토텔레스적 목적 개념을 대체한 혐의가 짙은 '의미'라는 용어를 사용하는 것에 대해 적대적인 태도를 취하기도 한다.[9] 이런 주장은 오늘날 철학자를 비롯한 많은 이들이 왜 굳이 인생의 목적이라는 깔끔한 표현 대신 애매모호한 인생의 의미라는 용어를 쓰고 있는지, 여기에는 어떤 사회적, 역사적 배경이 있는지에 대한 문제의식을 결여한 단견이라고 본다. 목적이 의미로 대체된 것에는 그럴 만한 이유가 있다. 이에 대해서는 〈맺음말〉에서 자세히 다루도록 하겠다.

여기서는 수백 개나 된다는 의미의 의미 가운데 삶의 의미와 관련된 것들을 8가지로 정리한 노직의 의미 개념을 통해 의미의 의미를 정의하는 과정을 따라가 보도록 하자. 그가 구분한 의미의 의미는 다음과 같다. (5장 3절 및 4절은 노직의 책 《철학적 설명》의 574~594쪽의 논지에 바탕을 두고 있다.)

① 외적 인과적 관계external causal relationship로서의 의미
② 외부 지시적, 의미론적 관계external referential or semantic relation로서의 의미
③ 의도 또는 목적intention or purpose으로서의 의미
④ 교훈lesson으로서의 의미

⑤ 개인적 중요함personal significance, importance, value, mattering으로
서의 의미
----
⑥ 객관적으로 의미 있음objective meaningfulness
⑦ 본질적(내재적)으로 의미 있음intrinsic meaningfulness
----
⑧ ①~⑦을 종합한 총체적 결과로서의 의미

노직은 이 가운데 ①~⑤까지는 상대적으로 명확하고 이해하기
쉬운 데 비해, ⑥~⑧번은 약간 불명확하고 규명하기가 쉽지 않다고
본다. 그런데 문제는 우리가 삶의 의미를 물을 때 염두에 두는 것은
⑥, ⑦번에 가깝다는 점이다.

(여기서 잠깐 부연하자면, 보통 허무주의자의 전략은 ②, ③, ⑥, ⑦
번 중 하나를 부정함으로써 나머지 모든 의미(특히 ⑤번의 개인적 소중
함)를 부정하는 방식을 취한다. 가장 상투적인 예를 들면, 인생에 목적은
없다(③번의 부정).따라서 '아무것도, 아무것도 중요한 것은 없다'(①~⑧
번 모두 부정). 상세 논리는 7절에서 다룬다.)

노직은 이러한 구분을 이용해 삶의 의미 문제를 검토한다. 이를
하나씩 살펴보도록 하자.

① 외적 인과적 관계로서의 의미

일상용어에서 '의미'는 종종 외적 인과적 관계를 뜻한다. "그것
은 전쟁을 의미한다"라는 문장을 보자. 여기서 '그것'이 북한의 핵실

험이라고 하면, '의미한다'는 원인과 결과를 연결하고 있다. 다른 예로 "빨간 반점은 홍역을 의미한다", "붉은 밤하늘은 맑은 날씨를 의미한다" 등을 들 수 있다.

인생은 분명히 외적인 인과적 관계로서의 의미를 가진다. 예컨대 여러분의 인생은, 간통이나 시험관 아기의 경우를 제외하면, 부모님이 한 번 이상의 섹스를 했다는 것을 의미한다. 크게 확대하면 모든 삶에는 그에 이르기까지의 수십억 년의 우주의 역사와 생물학적, 역사적, 사회적인 인과적 그물망이 있었고, 그 삶으로부터 다시 미래의 인과적 그물망이 펼쳐진다. 여기서는 과거와 미래의 엄청난 그물망을 잇는 연결적 존재로서의 역할이 삶의 의미라고 할 수 있겠다. 인과적 관계로서의 의미는 인생의 의미를 찾는 과정에서 생명의 기원이나 우주의 탄생처럼 과학적 측면에서 탐색할 때 주로 쓰인다. 예를 들어 리처드 도킨스는 "생명의 의미는 무엇인가?"(영어로는 삶의 의미, 생명의 의미, 인생의 의미가 모두 meaning of life로 표현된다)라는 질문에 대해, 우리는 생물학적으로 이기적 유전자의 생존 기계로서 복제의 임무를 가진다고 주장한 바 있다.

사실 우리가 목적이 아니라 의미라는 용어를 쓰는 이유 가운데 중요한 하나는 바로 의미가 목적 이외에 원인이라는 뜻을 함께 가진다는 점을 들 수 있다. 목적은 원인을 품지 못하지만 의미는 목적과 원인을 둘 다 품기 때문에 근대과학의 지식을 바탕으로 삶을 탐구함에 있어 삶의 목적보다는 삶의 의미라는 용어가 더 적절하다고 판단하게 된다.

인과적 관계로서의 의미는 "인생에 의미는 없고 원인만 있다"라고 주장하는 강경 유물론자에 대해 "원인도 의미의 일부분인데?" 하고 논리적으로 반박할 수 있게 해주는 측면이 있다.

그런데 인과적 관계로서의 의미가 정말로 우리가 추구하는 의미일까? 카뮈가 절망한 것은 이 세계가 인과법칙에 따르는 냉정한 물질들로 이루어져 있다는 데서 비롯된 것이 아닌가? 물론 우리의 삶이 인과적으로 사회와 후손들에게 좋은 영향력을 끼친다면 우리의 삶이 의미가 있을 수 있을 것이다. (손흥민의 아버지는 손흥민을 낳은 생물학적 원인으로서 삶의 의미를 가질 수 있을 것이다.) 그러나 인과적 관계로서의 의미가 우리가 추구하는 의미의 전부는 아니다. 비트겐슈타인이 과장되게 말하긴 했지만, 과학의 모든 문제가 해결된다 하더라도 인생의 문제는 조금도 건드려지지 않은 채 남아 있을 수 있기 때문이다.

② 외부 지시적, 의미론적 관계로서의 의미

일상 언어에서 의미는 의미론적 관계를 나타내는 경우가 있다. 예를 들면, '총각'은 결혼하지 않은 남자를 의미한다(동의어). 이육사의 시에서 겨울은 일제 강점기를 의미한다(상징). 한자어 '佛蘭西'는 프랑스를 의미한다(지칭). 사실 의미의 가장 근본적인 뜻은 말이나 글 같은 언어가 지시하는 내용으로서의 의미라 할 수 있다.

그런데 이 두 번째 언어적 의미를 가지고 인생의 의미를 부정하는 주장이 있다. 의미는 오직 언어에 대해서만 성립하며 사물 자체에는 의미가 없다는 것이다. "들판에 꽃이 있다. 꽃은 그저 존재할 뿐 꽃에 무슨 의미가 있는가? 하늘에 구름이 있다. 구름은 그저 흘러갈 뿐 구름에 무슨 의미가 있는가? 인생도 마찬가지다. 그냥 살아가는 것일 뿐 의미는 없다." 얼핏 들으면 그럴 듯하지만, 태양이 신을 상징하고, 호랑이가 용맹을 상징하는 데서 보듯 언어가 아닌 사물이나 현상도 충분히 의미를 가질 수 있다.

사실 의미론적으로 인생의 의미를 부여하기는 어렵지 않다. 언어의 임의성을 기초로 인생의 의미를 내 맘대로 정해볼 수 있다. 예컨대 도요토미 히데요시는 자신의 삶을 "꿈 속의 꿈"이라고 멋있게 부른 바 있다. 신군부가 1980년 광주학살 작전을 '화려한 휴가'라는 이름으로, 본질과 무관하게 문학적으로 가져다 붙인 것도 언어의 임의성을 활용한 의미 부여 방식이다. 이런 방식이 너무 임의적이라서 우스꽝스럽다면, 대상이 가지고 있는 내적인 속성을 지시하도록 의미를 부여하면 임의성을 피할 수 있게 된다. 예를 들어 파스칼이 "인간은 생각하는 갈대다"라고 규정한 것은 실제로 인간의 중요한 속성 중 하나인 사유를 통해 의미를 부여한 것이므로 자의성은 크게 약화된다. 이처럼 어떤 것이 일정한 속성을 가지고 있고 그 속성을 지칭할 때 그것을 의미한다고 할 수 있다. 삶이 어떤 속성들을 가지고 있고 그 속성을 가리키고 있다면, 그 속성을 '의미한다'고 볼 수 있다. 우리의 삶은 분명히 여러 속성들을 가진다. 삶이 의미론적으로(그리고 비자의적으로) 이들 속성을 의미한다고 말할 수 있기 위해서는 의도 또는 목적으로서의 세 번째 의미를 도입해야 한다.

노직의 세 번째 의미론으로 넘어가기에 앞서, 인생이 언어적으로 의미가 있다는 주장으로 '인생 텍스트론'을 들 수 있다.[10] 실제로 우리는 한 사람의 일생을 언어로 기록한 전기나 자서전이라는 텍스트를 가진다. 그리고 모든 텍스트가 그러하듯 인생에 관한 텍스트도 의미 해석의 대상이 될 수 있다. 텍스트론과 유사하면서도 약간 결이 다른 주장으로는 인생 내러티브론이 있다. 일찌기 셰익스피어는 "인생은 백치가 지껄이는 이야기와 같다"라고 하여 내러티브론을 주장하는 듯했으나, 곧 "시끄럽고 정신없으며 무의미하다"라고 덧붙임으로써 다른 길로 빠진 바 있다. 그러나 테드 창의 걸작 단편의 제목 '당신 인생의 이야기'에서 드러나듯, 한 사람의 인생을 하나의 짜임새 있는 이야기로 재구성하는 것은 얼마든지 가능하다. 보통 사람들은 자신의 인생에 대해 이야기해보라고 하면, 크게 세 개의 스토리로 이야기하는 경우가 많다고 한다. 이처럼 삶을 내러티브로 이해하는 방식도 인생을 언어적 의미 해석의 대상으로 삼는다는 점에서 오직 언어만이 의미를 가지므로 인생은 의미를 가질 수 없다는 주장에 대한 유력한 반론이라 할 수 있다.

③ 의도 또는 목적으로서의 의미

'He meant well(그는 잘해보려고 했어)', 'Did you mean to kill the king?(왕을 죽일 생각이었나?)'에서처럼 'mean'은 우리말로 '~하려 한다'는 의도 또는 목적의 뜻이 있다. 실제로 'meaning'의 어원은 'mind'와 관련 있다.

사람은 자신의 행위를 통해 또는 어떤 목적 의식을 가짐으로써 어떤 것을 의미할 수 있다. 이것은 신 같은 외적 설계자의 목적을 통해서도 가능하며, 재벌의 후손들처럼 부모의 뜻을 따름으로써도 가능하며, 우리 스스로 어떤 목적 의식을 가진 인생을 사는 것으로도 가능하다. 예컨대 기독교의 신처럼 '보시기에 즐거웠더라' 하는 '목적'으로 인간을 만들었다면, 인간 삶의 의미는 신을 즐겁게 하기 위한 수단이라고 해석할 수 있다. 우리나라 재벌 3세들처럼 부모님의 뜻에 따라 재벌밖에 직업 선택을 할 수 없는 삶이라면 그들 삶의 의미는 부모의 뜻에 따라 재벌 가문의 위상을 유지하는 것이라고 볼 수 있다.

삶을 어떤 방식으로 의도하기 위해서는 인생 전체를 관통하거나 인생의 상당 부분을 차지하는 목표 또는 계획을 가져야 한다. 그 가장 강한 형태는 일관된, 체계적인 목적과 의도들의 세트로서의 인생계획life plan이다. "네 소원이 무엇이냐" 하고 하느님이 물으시면, 첫째도 둘째도 셋째도 "대한 독립이오"라고 말한 백범 김구의 삶이야말로 이러한 인생 전체를 관통한 목적과 계획의 사례라 할 수 있다. 그는 "동포 여러분! 나 김구의 소원은 이것 하나밖에는 없다. 내 과거의 칠십 평생을 이 소원을 위하여 살아왔고, 현재에도 이 소원 때문에 살고 있고, 미래에도 나는 이 소원을 달達하려고 살 것이다"라고 말한 바 있다. 인생계획은 개인 삶의 의도적 초점을 구체화하고, 주요 목표들을 세우고 순서를 정하며, 어떤 가치에 전념할지를 결정한다. 인생계획이라는 개념을 사용함으로써, 우리는 개인의 삶이 어떤 속성을 가지고 지시한다고 할 수 있는 근거를 얻게 된다.

예컨대 박정희는 우리가 민족중흥의 역사적 사명을 띠고 이 땅에 태어났다고 독재적으로 주장한 바 있다. 그가 부여한 '목적'에 따르면 1970년대를 살았던 대한민국 국민들의 인생의 의미는 민족중흥의 역사적 사명을 실현하는 수단이 되는 것이었다.

사실, 인생의 의미의 상당 부분은 인생의 목적을 묻는 질문과 같다. 아리스토텔레스가 물었던 질문은 인생의 의미가 아니라 인생의 목적이었다. 인생의 목적은 돈이냐, 행복이냐, 성공이냐, 사랑이냐, 신이냐 등의 여러 대답을 불러오며 인생의 의미와 동일한 어떤 것으로 혼동하는 경우가 많다. 하지만 목적이라는 말은 의미 개념의 전체를 포괄할 수는 없다. 예를 들어 본절에서 알 수 있듯이 의미는 목적을 비롯하여 최소 7가지의 형태를 포함하지만, 목적은 나머지 7개의 형태를 담아내지 못하기 때문이다. 목적은 의미의 의미 가운데 일부분이다.

④ 교훈으로서의 의미

노직이 든 사례는 '나치시대는 가장 문명화된 나라도 잔악한 범죄를 저지를 수 있음을 의미한다'이다. 교훈으로서의 의미 개념은 우리말에서는 뚜렷하게 부각되는 것 같지는 않지만 주로 역사적 사건이나 인물들의 사례에서 나타나는 듯하다. 교훈적 의미는 사람들이 본받으려고 하는 어떤 것이라는 점에서 모방을 통해 전달되는 문화복제자인 밈meme과 유사하다. 사람들은 자신의 삶이 다른 이들에게 교훈을 주기를 바라는데, 그 교훈이 부정적인 반면교사가 아니라, 자신의 인생계획에 대한 긍정적 평가를 수반하는 교훈이 되기를 바란다. 폭군 연산군조차 "내가 두려워하는 것은 사서史書뿐이다"라고 말하며 부정적 반면교사가 되기를 두려워했다. 교훈으로서의 삶의 의미는 긍정적 교훈을 통해 타인들이 그의 인생을 보고 본받게 함으로써, 전파, 확산, 복제되는 성향이 있다. 교훈에는 배운 것을 가르치고

베푼다는 의미가 있다. 나이가 들면 선수는 감독이 된다. 가르침은 정보를 복제 전달하여 가치를 낳는 일이다. 부모는 자식에게 교훈을 주고, 선생은 제자에게, 상사는 부하에게 가르침을 준 다. 맹자는 "천하의 영재를 얻어 가르치는 것得天下之英才而教育之"을 군자의 낙이라 했다. 교훈은 가치를 전달하는 사회적 방식이다.

청백리의 대명사이며 〈판관 포청천〉이란 드라마에서 "개작두를 대령하라!"는 호통으로 잘 알려진 북송의 포증抱拯(999~1062)은 삶의 의미의 교훈적 측면을 잘 보여주는 사례이다. 관료 생활을 하는 동안 공평무사한 정치를 펼친 것으로 유명한 그는 부패관리들을 엄정하게 처벌하였고 높은 벼슬에 오른 뒤에도 검소한 생활을 하여 청백리로 칭송되었다. 남송 때부터 그를 주인공으로 한 문학작품이 등장했고, 1980년대 대만에서 포청천 시리즈가 제작되었으며 우리나라에도 수입되어 크게 히트한 바 있다. 그는 다음과 같은 유언을 남겼다.

"자손들 가운데 관직에 나가 부정한 짓을 저지르면 본가로 돌아오지 못하게 할 것이며, 죽어서도 선영에 묻힐 수 없게 하라! 내 뜻을 따르지 않는 자식은 내 자손이 아니다."

포증의 유언은 후손에게 깊은 영향을 남겼다. 중국 〈해방일보〉에 따르면 포증의 고향인 안휘성 비동현 대포촌에는 포증의 후손으로 300여 호 1,500여 명이 살고 있는데, 부정부패 등 비리에 연루된 사람이 하나도 없다. 포씨 집안의 후손들은 1,000년 전의 할아버지를 자랑스럽게 여기면서 온갖 부정과 뇌물이 난무하는 중국에서 흐트러지지 않고 모범적으로 살고 있다는 것이다. 선조에 대한 자부심이

후손들의 삶에 막중한 역할을 하고 있음을 말해준다.[11]

①~④번을 종합하면 의미 있는 삶이란 인생의 전반적 방향과 목적이 설정되어 세부 계획들이 통합되고 조직화된 삶으로서, 그 삶이 지향하는 인생계획은 다른 사람이 볼 수 있게 투명해야 하며, 그리하여 타인들이 그의 삶으로부터 긍정적 평가를 수반한 교훈을 얻는 것이다. 이러한 사람의 인생은 의미론적으로 그리고 비자의적으로 그의 삶이 구체적으로 실현한 교훈을 의미하게 된다. 어떻게 보면 이러한 삶의 전형적 예는 교사이다. 철학에서는 소크라테스가 바로 그러한 인생을 살았던 대표적 사례라 할 수 있다. 그런데 이처럼 ①~④번의 의미를 종합한 빛나는 교훈적 삶에 대해서도 우리는 그것이 과연 뭐가 중요한 것인지 ⑤~⑦번의 질문(주관적, 객관적, 내재적 중요성)을 던져볼 수 있다.

⑤ 개인적 중요함으로서의 의미

개인적 중요성의 의미의 용례로는 '당신은 나의 모든 것을 의미해You mean everything to me'나 '너의 한 마디 말도 나에겐 커다란 의미' 같은 유행가 가사를 들 수 있다. 우리말로는 소중하다는 표현이 적합한 듯하다. 개인적 소중함은 주관적 의미라 할 수 있는데, 주관적으로 의미 있는 것 가운데 일부는 객관적 의미를 가질 수 있는 반면, 다른 일부는 객관적 의미는 갖지 못할 것이다. 이를 소크라테스의 삶에 적용해보자.

앞절에서 소크라테스가 평생에 걸친 인생계획에 입각한 교훈적인 삶을 살았다고 전제한 바 있다. 철학자로서의 성찰하는 삶은 소크라테스에게는 개인적으로 자신의 의지와 가치가 개입된 중요한 의미가 있었다. 그랬기 때문에 소크라테스는 탈옥을 권하는 제자들의 권유를 뿌리치고 스스로 독배를 마시고 죽을 수 있었을 것이다. 철학자로서의 삶은 그에게 '주관적으로 가치 있는' 것이었음에 틀림없을 것이다. 그런데 소크라테스의 삶이 어떻게 해서 객관적으로, 내재적으로, 즉 그 자체로 중요한 의미를 가진다고 할 수 있는가? 도대체 무슨 근거로? 우리는 그의 삶으로부터 거리를 두고, 그 삶의 외부의 시선에서 그것이 어떤 의미를 가지는지를 물어볼 수 있다. 이때 우리는 소크라테스의 교훈적 삶에서 객관적 중요함의 근거는 찾을 수 있는 반면, 그것이 왜 그 자체로 중요한 것인지의 이유는 분명하지 않음을 발견하게 된다.

⑥ 객관적으로 의미 있음

앞서 노직은 ①~⑤까지의 의미는 이해하기 쉬운 데 비해, ⑥~⑧은 불명확하다고 말한 바 있다. 그래서인지 ⑥번과 ⑦번 의미의 일상적 용례는 따로 제시하지 않는다.

먼저 소크라테스 삶의 객관적 중요성은 그의 이름과 삶과 사상이 당대의 희랍인들에게 영향을 미쳤다는 점, 그리고 그가 죽은 지 2,400년이 지난 지금 우리에게까지 이어지고 있다는 사실에서 이 미 결과론적으로 검증이 되었다 할 수 있다. 자기 삶의 개인적인 시공간의 한계를 넘어설 수 있었다는 점이 주관적 중요성을 넘는 객관적 중요성을 보여주는 징표라 할 수 있다. 소크라테스의 삶이 객관적으로 중요한 것이 아니었다면 플라톤이 아까운 시간을 낭비하면서 소크라테스의 대화편을 기록으로 남길 필요가 없었을 것이다. 소크라테스의 삶이 사실은 객관적으로 중요한 것이 아닌데, 플라톤이 중요한 것으로 착각해서 〈대화편〉을 쓴 것이라면, 지금 우리가 시간이 돈인 자본주의 사회에 살면서 그 중요하지도 않은 〈대화편〉을 읽고 있지도 않았을 것이다. 여기서는 소크라테스가 객관적으로 중요해서 플라톤이 그것을 쓰고 우리가 그것을 보는 건지, 플라톤이 쓰고 우리가 보니까 소크라테스가 객관적으로 중요한지는 따지지 않도록 한다. 자기가 중요하다고 생각한 것에 투신한 삶이 다른 이들에게도 중요함을 인정받을 때, 특히 후대의 다른 이들에게까지 인정받을 때 그 삶이 객관적으로 의미 있다 할 수 있다.

비공식적 통계에 따르면 지금까지 태어났다 죽어간 인류의 총수는 약 1,000억 명이 넘는다고 한다. 그야말로 1,000억 명의 억조 창생 가운데 지금 우리가 기억하는 사람은 몇이나 될까? 천 명? 만 명? 넉넉잡고 10만 명이라고 해도 역사 속에서 잊혀지지 않을 정도의 '중요한' 사람의 비율은 백만분의 일, 즉 '식스 시그마' 수준이다. 소크라테스는 아마도 인류에게 끼친 사상적 영향력 면에서 상위 100위 안에는 들지 않을까? 역사상 사라져간 1,000억 명의 인간들 가운데 당대의 타인들에게 영향을 미친 사람은 소수였을 것이다. 이 소수 가운데에서도 죽음이라는 물리적 한계를 넘어 오늘에까지 영향을 미칠 수 있었던 사람은 더더욱 적을 것이다. 기억되지 않는 삶, 전달되지 않는 삶은 냉정한 관점에서 보면 결국은 죽음으로 끝나는 사소한 사건에 불과한 것으로 여겨질 수 있다. 무언가 중요하기 때문에 지금의 우리들이 그를 기억하고 있는 것이다. 그렇다면 우리의 삶이 객관적 중요함을 획득하기 위한 확실한 방법은 공간적으로는 주관이라는 한계를, 시간적으로는 죽음의 한계를 넘어설 수 있어야 한다는 얘기가 나온다. 주관의 한계를 벗어나는 방법은 타인에 대해 영향을 미치는 방식으로 가능할 것이다. 그렇다면 죽음이라는 한계를 초월하는 방법은? 이에 대해 좀 더 살펴보기로 하자.

죽음! 죽음은 우리를 말소한다. 죽은 다음 우리는 더 이상 여기에 존재하지 않는다. 일상에 치여 바쁘게 살다가, 또는 맹물 같은 나날을 헛되이 보내다 가끔씩 떠오르는 생각, '이렇게 살다가 나의 존재가 사라지고 나면 남는 것은 무엇인가?' 사람들은 자신들이 마치 한 번도 존재하지 않았던 것처럼 잊혀지는 것을 두려워하는 듯하다. 잊혀지는 삶은 하찮은 삶이라고 보기 때문일까? 기억조차 되지 못한 존재가 잊혀짐을 두려워한다는 것은 애틋하기까지 하다. 우리가 죽고 난 후 남는 것은 오직 우리의 자취뿐이다. 조용필의 〈킬리만자로의 표범〉을 들으면 "바람처럼 왔다가 이슬처럼 갈 순 없잖아/내가 산 흔적일랑 남겨둬야지"라며 흔적에 집착하는 가사가 나온다. 자취가 없다면 의미는 반감된다. 불꽃처럼 살다가는 것만으로는 부족하며, 타고 남은 재가 있어야 한다. 타고 남은 재가 다시 기름이 되어 누군가에 의해 쓰이면 더욱 좋다. 흔적을 남기는 일에 타산지석으로 삼을 수 있는 안철수 전 서울대 교수는 한 인터뷰에서 다음과 같이 말한 바 있다.

내 꿈은 여전히 같다. 삶의 흔적을 남기는 것이다. 직접 쓴 책, 안철수연구소 조직, 가르친 학생, 했던 이야기 때문에 운명이 바 뀐 사람들 등 모두가 흔적이다. 이름을 남기고 싶지는 않지만 흔적을 남기고 싶다. 지금까지 살아오면서 직업을 바꿀 때 흔적을 많이 남길 수 있다는 것을 염두했다.

'중요한' 삶은 세상에 어떤 흔적을 남기게 마련이다. 중요한 삶은 어떤 의미에선 영원하다. 왜냐하면 그것은 세상에 영원한 차이, 즉 흔적을 남기기 때문이다. 죽음으로 끝나는 우리 삶이 중요성을 획득하기 위해서는 죽음 뒤에 이어질 자취를 남겨야 한다. 그래서 사람들은 자손을 남겨서 조금이라도 우리의 흔적이 지속되는 기간을 연장하려 한다. 영원불멸이 최선이지만, 그것이 안 된다면 후손의 후손이 이어갈 수백 년이라도 연장하는 것이 낫다고 보기 때문일까? 물론 돈 때문에 부모를 살해한 박한상 같은 패륜아가 나올 수도 있고, 칸트처럼 독신으로 삶을 마감하는 자손이 나올 수도 있기 때문에 자손을 낳는 전략만으로는 부족할 수 있다. "(사람은 관뚜껑을 덮을 때가 된 다음에야 자손과 재물의 무익함을 안다"는 《채근담》의 격언도 있다.) 그래서 사람들은 업적을 이룸으로써 명예라는 흔적을 남기려 하기도 한다. 대표적인 경우로 영웅적 행동을 통해 역사에 이름을 남기는 위인들이 있고, 탁월한 사상을 창시하고 전파함으로써 이름을 떨친 소크라테스나 마르크스 같은 사상가들이 있으며, 영원한 걸작을 남김으로써 불멸을 성취하려는 예술가들의 전략이 있다. 영웅이 될 용기나 사상 또는 작품을 창조할 능력이 안 되는 사람들은 하다못해 비석에 이름 석 자나마 남기려 한다. 이러한 흔적들은 좁게는 가족과 친구를 통해, 넓게는 사회와 인류 역사를 통해 기억되고 지속된다. 죽음 뒤에 이어지는 영향력이 가족적 범위를 넘어서는 공동체적 위상을 가지는 정도라면 객관적 중요성이 있다고 인정할 수 있겠다.

⑦ 본질적(내재적)으로 의미 있음

그렇다면 그러한 자취들이 그 자체로 중요하다는 점은 어떻게 확보되는가? 죽음 뒤에 이어지는 자취들이 어떻게 개인적 수준과 객관적(사실은 상호주관적) 수준의 중요성을 넘어서 '본질적으로, 내재적으로, 그 자체로' 중요할 수 있단 말인가? 이 ⑦번의 본질적 의미야말로 삶의 의미에 관한 핵심 질문이다. 일부 철학자들이 '인생 속의 의미meaning in life'는 찾을 수 있지만 '인생의 의미meaning of life' 자체는 찾을 수 없다는 이유로 스스로를 허무주의자로 규정하는 이유가 바로 이 ⑦번의 본질적·내재적 의미를 찾을 수 없다고 보기 때문이다.

소크라테스의 삶은 오랜 기간 여러 사람들에게 영향을 미치는 흔적을 남김으로써 객관적 중요성을 확보할 수 있었지만 이것은 자체로 중요한 것이라는 증거는 될 수 없다. 왜 자취가 좀 더 오래 지속되면 더 중요한 것인가? 전통적으로 영구 불변의 이데아 같은 것이 플라톤 같은 일부 철학자들에 의해 선호되기는 했지만, 그렇다고 우리가 '아름다움의 형상Form of Beauty' 같은 이데아가 되고 싶은 것은 아니지 않은가?

혹시 소크라테스의 삶이 중요한 것은 철학 발전에 크게 기여하여 인류의 철학적 수준을 한 단계 높였기 때문이 아닐까? 그렇다고 가정해보자. 그렇다면 그의 삶의 중요성은 그 자체로부터 비롯되는 것이 아니라 다른 어떤 것(아마도 그의 삶보다 더 중요한 어떤 것)에 기여함으로써 중요성을 획득한 것이라 할 수 있다. 소크라테스의 삶의 중요성은 '인류의 철학적 수준' 같은 개인적 범위를 넘어서는 더 큰 어떤 것으로부터 유도되는 것이다. 그러면 인류의 철학적 수준이 높아지는 것은 왜 중요한 것일까? 이것은 그 자체로 중요하다고 할 수 있는 것일까? 아니면 인류 전체의 복지에 도움이 되어서 중요한 것일까? 인류의 철학적 수준이 높아지는 것이 그 자체로 중요한 일이라고 볼 수 있는 근거는 없다(철학자들의 주관적 희망일 수는 있겠지만 말이다). 그렇다면 인류의 철학적 수준이라는 가치 역시 그 자체로 중요한 것이 아니라, 인류 전체의 복지라는 더 큰 가치로부터 중요성을 부여받는 셈이 된다. 이처럼 그 자체로 중요한 것을 찾기 위해 우리는 그것을 포함하면서 그것보다 더 큰 어떤 것을 향해 나아가는 형식을 취하게 된다.

그렇다면 인류 전체의 복지에 도움이 되는 것은 왜 중요한 걸까? 지금까지만 해도 인류가 너무 잘나가는 바람에 지구 환경이 파괴되고 수많은 생명체들이 멸종했는데, 지금보다 더 잘나가면 오히려 지구에 해가 될 가능성이 크지 않겠는가? 인간을 위해 1년에 닭 150억 마리, 돼지 10억 마리, 소 13억 마리가 도살당한다. 무엇이 인류 전체의 복지가 그 자체로, 다른 생명체의 안전과 지구 생태계의 존속보다 중요하단 말인가? 객관적으로 봤을 때 인류가 사라진다 해도 지구 생태계에는 오히려 이익이 될 것이고, 우주 전체로 보면 아무런 영향도 없을 것이 분명하다. 아닌 것 같다고? 여기서 일부 종교인들은 전지전능한 신의 품 속으로 달려갈 수 있다. 인류 전체의 복지는다름 아닌 신의 뜻이고, 따라서 우리는 신이 부여한 사명을 수행하는 것이며, 이 사명을 제대로 완수함으로써 그 보상으로 하나님의 오른편에 앉아 영원한 축복을 받는 것이 그 자체로 중요한 삶의 의미가 될 수 있다고 생각해 볼 수 있다. 과연 그러한지?

먼저, 신이 부여했다는 이유만으로 우리의 임무가 그 자체로 중요한 의미가 될 수 있을까? 만일 신이 부여한 우리의 임무가 지구 상의 식물들이나 곰팡이들이 잘 살도록 이산화탄소를 뿜어내서 공급하는 역할이라고 하면 그것으로 충분할까? (인간을 포함한 모든 대형동물들은 혐기성 미생물들에게 적당한 서식처를 제공하기 위하여 마련된 수단에 불과하다고 보는 생물학자들도 있다.)[12] 그렇지 않을 것 같다. 신의 계획이 뭔가 중요한 계획이어야 하고, 그 중요한 계획 속에서 뭔가 중요한 역할을 맡아야 의미 있다고 할 수 있다. 게다가 그 중요한 역할은 긍정적인 역할이어야 한다는 조건도 추가하고 싶을 것이다. 왜냐하면 우리의 역할이 중요하다 하더라도, 그것이 만일 지상의 생명체들에게 '인간처럼 탐욕스럽게 살아서는 안 된다'는 반면교사의 역할을 맡는 것이라면 그것은 우리가 원하는 의미가 아니기 때문이다. 나름 '긍정적인' 역할이지만, 별로 존엄하지 않은 역할이라면 그것도 곤란하다. 예컨대 인간이 은하수를 여행하는 고위급 여행자들(신의 사자라고 하자)에게 식량으로 제공되는 역할을 맡는다면, 그리고 그 VIP 여행자들이 "인간 요리가 참 맛이 좋군" 하고 긍정적인 평가를 내리더라도 그것은 우리가 원하는 의미는 아닐 것이다.

신의 계획 속에서 맡은 바 역할을 수행하는 것이 어떻게 우리에게 삶의 의미를 제공할 수 있을까? 우리를 창조한 존재가 어떤 목적을 가지고 있었다는 것 자체가 의미를 제공하지는 못한다. 우리를 낳은 부모가 우리를 낳을때 어떤 목적(예컨대 이 아이가 번성하고 생육하며 부자가 되어 떵떵거리고 살았으면 좋겠다는 생각)을 가지고 있었다는 것이 우리 삶에 의미를 주는가? 우리는 우리를 낳은 부모의 목적에 따라 다른 가치가 아니라 꼭 부자가 되어 잘 먹고 잘사는 가족으로서의 '사명'을 완수하는 것이 우리 삶의 의미가 되는 것일까? 신이 무슨 목적을 가지고 있든, 부모가 무슨 계획을 염두에 두고 있었든 그것만으로는 우리 삶에 의미를 제공할 수 없다. 그 목적 자체가 의미 있는 것이어야 우리 삶에 의미를 제공할 수 있는 것이다. 그런데 신의 목적이 그 자체로 의미 있는 목적이 된다는 것이 겉보기와 다르게 자명한 일이 아니다.

예컨대 신이 단지 자신이 보기에 즐겁기 위해서 우리를 만들었다면 그 목적은 그 자체로 의미 있는 목적이라고 하기에는 충분치 않다. 어떤 과학자가 통제된 실험실에서 인공적으로 창조한 생명체가 있다 하자. 그 생명체의 입장에서 볼 때 이 과학자는 자기 우주와 생명의 창조자라 할 수 있다. 만일 이 생명체가 의식을 가지고 있다면 자기 삶의 의미가 이 과학자를 즐겁게 하기 위한 것이라는 데서 의미를 찾을 수 있을까? 프랑켄슈타인 박사의 경우에도 그의 피조물인 괴물은 자신의 창조주의 목적을 알고는 오히려 창조주를 증오하게 된다.

그 과학자나 프랑켄슈타인 박사는 전능한 신이 아니라서 피조물에게 삶의 의미를 부여할 수 없다는 반론을 제기하는 사람이 있을 수도 있겠다. 그렇다면 우리 우주의 창조주에 대해서도 같은 논리를 적용할 수 있다. 여러 영지주의적 해석에서 우리 우주를 만든 신이 최고신이 아니라는 주장들이 있다. 만일 예로 든 과학자나 프랑켄슈타인 박사가 자기 피조물에 의미를 부여할 수 없다면, 우리가 단지 지방 잡신에 불과한 우리의 창조신의 목적 달성을 위한 역할을 하는 것으로써는 삶의 의미를 부여받을 수 없고, 오직 그보다 더 높은 최고신으로부터만 의미를 부여받을 수 있게 된다. 그렇다면 우리는 의미의 낙수落水이론에 따라 의미의 최종 원천을 만날 때까지 계속해서 더 큰 목적의 목적의, 또 그 목적의 … 목적을 찾아 무한히 전개할 수밖에 없게 된다. 그것은 아마도 한계를 초월하는 무한한 과정일 것이다.

4. 한계의 초월

의미는 자기보다 크거나 최소한 같은 정도의 가치를 추구할 때 생긴다. 도산 안창호 선생이 "나는 밥을 먹는 것도 대한의 독립을 위하여, 잠을 자는 것도 대한의 독립을 위해서 해왔다. 이것은 나의 몸이 없어질 때까지 변함이 없을 것이다"라고 했을 때 그는 분명 의미를 추구하고 있었던 것이라 할 수 있다. 반면 자기보다 작은 것이 삶의 의미가 되기는 어렵다. '내 인생의 의미는 나의 가족이다'라는 말은 가능하지만, '내 인생의 의미는 나의 간이다'라고 하면 어색하다. '내 인생의 의미는 대통령이 되는 것이다'라는 말은 가능하지만, '내 인생의 의미는 이번 시험을 잘 보는 것이다'라는 말은 어색하다. 인생보다 작은 것은 삶의 의미를 담는 그릇이 되지 못하기 때문이다. 삶의 의미는 최소한 자기보다 작은 어떤 것이어서는 곤란하다.

그리하여 노직은 "삶의 의미를 찾으려는 시도는 개인적 삶의 한계를 초월하려 한다"고 보았다. 이 말은 "세계의 의미는 세계의 바깥에 있으며, 시공간 속에 있는 삶의 수수께끼에 대한 해결은 시간과 공간 밖에 놓여 있다"고 말한 비트겐슈타인의 주장과 일맥상통한다. 전자는 삶의 의미이고 후자는 세계의 의미로서 단위는 다르지만 의미의 구조적 패턴은 동일하다. 이러한 관점에 따르면, 내 삶의 의미는 나의 한계를 초월하는 곳에 있다. 예컨대 죽음이란 생명이 가진 시간적 한계이다. 인간은 죽음 뒤에도 이어질 자취, 예컨대 자손, 업적, 작품, 명예 등을 남김으로써 그 수명의 한계를 넘어서려 한다. 우리의 몸은 생명이 가진 공간적 한계이며, 인간은 사랑, 유대, 제휴, 헌신, 신앙 등을 통해 자녀, 친구, 타인, 대의명분, 신과 같은 외부와 관계를 맺음으로써 자기의 범위를 확장하려 한다. 인생의 주요 의미로 꼽히는 것들은 모두 나의 존재를 넘어선 세계와의 '관계 맺기'라는 형태를 띤다. 그리고 이 관계를 바탕으로 객관적 가치(사랑, 진리, 선함, 아름다움, 성스러움 등)가 창조되고 교환되며, 이 객관적 가치의 창조와 교환을 통해 주관적 만족과 성장이 이루어진다. 의미는 더 큰 객관적 가치의 생산을 통해 자기를 확대재생산 하는 자기초월적인 과정이다. 더 커다란 가치를 창조하기 위해 더 커다란 존재가 되는 것이 삶의 의미다.

의미의 문제는 의식의 성장이 존재의 한계에 부딪칠 때 발생한다. 한계에 이르기까지 성장하지 않는 의식은 의미의 문제를 인식하지 못한다. 의식은 자기한계를 초월하여 외부와의 더 큰 관계를 찾아낼 때 비로소 의미의 문제를 해결할 수 있다. 의미의 문제가 수면 위로 떠올랐다는 것은 객관적 가치 생산을 통해 주관적 만족에 이른 의식이 반복되는 가치의 단순재생산에 만족하지 못한다는 것을 뜻한다. 이때 그 한계를 초월하도록 하는 것이 바로 의미다. 행복을 추구하는 사람은 굳이 자신의 한계를 넘어설 필요가 없다. 지금 여기에 만족함으로써 얼마든지 행복할 수 있기 때문이다. 우리는 의미를 추구할 때 비로소 자기한계를 초월하여 더 넓은 세계와의 접점을 찾아 나아가게 된다.

결국 어떤 것의 의미를 묻는 것은 그것이 다른 것들과 어떻게, 특별한 방식으로, 연결되어 있는지를 묻는 것이다. 예컨대 단어는 일반적으로 대상과의 지시적 '관계' 속에서 또는 문맥 속에서의 '역할'을 통해 의미를 가진다. 또한 명제는 사실과의 일치 또는 다른 명제들과의 정합적 관계(한 문장의 의미는 그 문장이 속한 체계 내의 다른 문장들에 의해서 결정된다) 속에서 의미를 가진다. 그렇다면 나의 인생은 무엇과의 '관계'에서 의미를 가지는가? 바로 나의 삶을 둘러싼 세계이다. 의미의 의미를 삶에 적용했을 때, 인생의 의미는 나와 세계 사이의 관계로 나타나게 되는 것이다.

의미는 이처럼 존재의 연결망을 찾고 이어가면서 자기를 확장하는 것이다. 인간 본질이 사회적 관계의 총체라고 주장한 마르크스의 테제를 일반화하여 존재의 본질을 관계로 파악할 때, 의미는 존재의 본질을 실현하려는 자연스런 움직임으로 해석된다. 나와 세계 사이를 연결하는 관계들의 총체가 곧 내 삶의 의미이고, 이 관계망이 커지고 튼튼해질수록 내 삶의 의미는 충만하게 된다. 즉 세계는 물리적, 생물학적, 사회적, 역사적, 생태적, 우주적 관계망이며, 그 관계망 속에서 나의 포지셔닝을 구축하는 것이 내 삶의 의미가 된다.

우리가 삶의 의미를 묻는 까닭은 내 삶이 세상 어디와 어떻게 연결되어 있는지, 즉 나의 인생이 무엇을 위한 것이며, 어떤 사명에 이어져 있으며, 어떤 목적과 연결되어 있느냐를 찾기 위함이다.[13] 실존주의와 경영학적 용어를 섞어서 쓰자면, 삶의 의미란 세계-내-존재로서 자기 자신의 '포지셔닝'을 말한다(우리가 죽음에서 무의미를 떠올리는 것은 죽음이 우리를 세계와의 관계로부터 단절시키기 때문이다).

여기서 우리는 노직이 제공한 의미의 개념(외부 지시적 · 관계적 의미 등)으로부터 출발하여 도달한 결론, 즉 의미가 더 큰 객관적 가치를 향한 자기초월적 과정이라는 사실이 앞장에서 시지프스의 사고실험을 통해 귀납적으로 도달한 결론과 만나게 된다는 점을 확인하게 된다. 즉 객관적 가치 생산을 통한 주관적 만족이 변화와 성장을 통해 자기완성으로 이어지고, 자기완성이 피부적 자아의 한계를 넘어 사회적 자아와 우주적 자아까지 확장되는 과정 속에서 존재의 완성을 지향한다는 '귀납적' 삶의 의미는 '개념적' 정의로부터 연역적으로 도출된 결론과 정합적인 관계에 있음을 발견하게 된다.

5. 의미와 가치

의미를 더 넓은 가치망을 향한 초월이라 할 때, 가치가 무엇인지에 대한 개념 정의를 요구하는 사람이 있을 것 같다. 여기서의 가치는 화폐로 표현되는 교환가치나 효용가치처럼 다른 것을 위한 도구적 가치가 아니라, 그 자체로 가치 있는 내재적 가치intrinsic value를 말한다. 이 책에서는 노직이 말하는 '유기적 통일성organic unity'을 가치의 기본 차원으로 삼고자 한다.14 여기서 '기본 차원'이라고 하는 까닭은 유기적 통일성이 가치의 가장 중요한 요소이지만, 이것만으로 가치의 모든 영역을 설명할 수 없음을 인정하고 다른 차원들의 가능성을 배제하지 않는다는 뜻이다.

노직은 유기적 통일성이라는 기준으로 가치를 판단할 때 우리가 가진 가치 순위와 매우 일치한다는 귀납적인 이유로 자신의 가치론을 정당화한다. 유기적 통일성의 가치론을 미학에서부터 검토해보자.

예술에서는 상호 이질적인 다양한 요소들을 조화롭게 통합한 작품을 높게 평가한다. 예컨대 그림에서는 색채, 형태, 주제, 스타일, 질감 및 기타 상이한 요소들을 조화롭게 통합한 작품이 가치가 있다. 그렇지 못하다면 미적 가치가 떨어진다. 통일성만 가지고는 부족하다. 예를 들어 단색으로 캔버스를 칠한다면 색깔 면에서 최고의 통일성을 얻겠지만 다양성이 결여되어 있으므로 미학적 가치는 떨어진다. 또한 다양성을 그냥 끌어 모으는 것으로는 부족하다. 조화롭게 통일되지 못한 다양성은 잡다한 쓰레기더미, 지리멸렬, 조잡한 무질서에 불과하기 때문이다. 더 많은 다양성을 더욱 조화롭게 통합할수록 더 가치가 높아진다. 이러한 '다양성 속의 통일성unity in diversity'을 노직은 유기적 통일성이라 부른다. 하나의 체계가 더 많은 다양성을 내부에서 통일하기 위해서는 더 많은 노동과 더 높은 기술이 필요하다. (이런 점에서 유기적 통일성의 가치론은 '노동가치설'과 연결된다.) 유기적 통일성이 높을수록 더욱 가치가 크 며, 가치가 클수록 더 효율적으로 일을 한다.

시에서도 유기적 통일성이 가치를 좌우한다. 국립국어원의 발표에 따르면 한글 단어 수가 50만 개쯤 된다. 이 단어들을 단순히 끌어모아놓는다고 쓸모가 생기는 것이 아니라, 자모의 순서에 따 라 배열을 해야 사전과 같은 가치 있는 체계가 나타난다. 또한 이 국어사전에서 무작위로 단어를 뽑아낸다고 작품이 나오는 것이 아니라, 여러 단어를 주제와 운율에 맞게 유기적으로 배열을 해야 작품성 있는 시가 탄생한다.

유기적 통일성의 가치론은 진화론에도 적용된다. 지금으로부터 10억 년 전 최초의 생명체들인 원핵생물 가운데 하나가 다른 원핵생물에게 침략을 당했는데 어찌된 일인지 한쪽이 다른 쪽을 파괴하고 잡아먹는 것이 아니라, 두 개의 이질적 세포로 구성된 새로운 생물(진핵생물)이 공생하는 사건이 발생하였다. X와 Y라는 상이한 개체가 충돌했을 때 한쪽이 다른 쪽을 파괴하는 대신 X와 Y가 힘을 합쳐 Z라는 새롭고, 더 크고, 더 다재다능한 능력을 지닌 생명체로 창조된 것이다. Z는 X와 Y라는 이질적 요소를 내부에서 조화롭게 통일함으로써 더 큰 가치(예컨대 진화적 적응)를 창조한 셈이다.[15] 이를 식으로 표현하면 다음과 같다.

$$V(X+Y) \geq V(X) + V(Y)$$

유기적 통일성의 정도에 따른 위계는 우리가 가지고 있는 가치 평가 순위와 잘 부합한다. 예컨대 원핵생물들의 결합을 통해 진핵 생물을 낳고, 진핵생물이 진화하여 다세포생물이 생겨나고, 다세포생물이 더 복잡한 생물로 진화하면서 식물, 동물, 인간, 의식, 자아 등 더 많은 다양성을 더 높은 단계에서 통합하는 가치의 양상이 나타나게 되었는데 유기적 통일성이 높아지는 순서대로 가치의 위계가 높아지는 모습을 보인다.

과학과 철학 이론 분야에서도 서로 관계 없어 보이는 다양한 현상들을 통일된 관계 속에서 모순 없이 설명하는 이론을 더 '아름답고, 우아하고, 가치 있는' 것으로 간주한다. 어떤 이론이 내적인 모순을 가지면 안 되는 이유는 그것이 통일성을 파괴하기 때문이다. 그래서 아인슈타인은 물리현상을 한 줄로 꿰어낼 수 있는 통일장 이론unified field theory을 만들기 위해 평생을 매달렸지만 결국은 실패했다. 헤겔 철학은 주체와 객체, 인간과 자연, 유한과 무한의 이원론을 변증법적으로 극복하려 한다. 변증법에서 말하는 정반합의 과정은 상호 모순되는 요소들을 더 높은 단계에서 통일하여 상승해가는 과정을 설명한다. 헤겔 철학은 결국 최고의 유기적 통일성이라는 가치를 지향한다.

애덤 스미스Adam Smith의 분업적 협업의 사례에서도 유기적 통일성의 가치론이 검증된다. 개별 자영업자들이 하루에 20개씩 만들 수 있었던 핀을 18개의 세부 공정으로 나누고 이를 18명이 분업하여 전 과정을 유기적으로 통합했을 때 하루에 4,800개를 만들 수 있게 되었다. 서로 다른 노동자들을 조직화하여 하나의 작업장에서 조화롭게 배치하는 경우 개별적으로 분리된 경우보다 더 큰 가치를 생산할 수 있게 된다.

거칠게 비유하자면 한 공간에 둘을 넣었더니 서로 사이 좋게 공존하여 시너지를 발휘한다면 더 큰 가치가 생겨나는 것이고, 둘이 치고 받다가 하나가 다른 하나를 잡아먹어 버린다면 가치는 감소하는 것이다. 음양이 공존하는 태극 문양에서처럼 이질적 요소를 내부에서 조화시킬 수 있다면 가치가 있는 것이요, 조화시키지 못한다면 가치가 없는 것이다. 여기서 가치가 없다는 것은 내부에 차이를 조화시켜 긴장 속에 균형을 이루는 능력과 기술이 없음을 의미한다. 남자와 여자가 결합하여 하나의 가정을 꾸릴 수 있다면 가치가 높아진 것이요, 티격태격하다가 이혼한다면 가치가 떨어진 것이다. 부부가 자식을 낳고 키울 능력이 있다면 가치가 큰 것이요, 그렇지 못하다면 가치가 적은 것이다. 남자와 여자가 만나지 못하고 총각과 처녀로 늙어 죽는 경우 개별적 삶만 단순재생산될 뿐 새로운 가족이 탄생하지는 않는다. 남자와 여자가 결합하여 자식을 생산할 때 가족이라는 단위가 탄생하고 세대가 이어진다. 서로 다른 존재들이 조화롭게 결합하여 새로운 단위를 형성할 때 더 가치가 높아지고 더 큰 가치는 더 많은 일을 더 효율적으로 할 수 있다.

어떤 사람이 커다란 고난을 겪고도 이를 내부에서 조화롭게 해결하였다면 이 사람은 역경 체험을 내면화함으로써 자신의 가치가 높아지고 문제 해결 능력은 커진다. 반면 역경에 무너진다면 그의 가치는 손상된다. 장석주의 시 〈대추 한 알〉이 이를 잘 표현하고 있다.

저게 저절로 붉어질 리는 없다.
저 안에 태풍 몇 개
저 안에 천둥 몇 개
저 안에 벼락 몇 개

저게 저 혼자 둥글어질 리는 없다.
저 안에 무서리 내리는 몇 밤
저 안에 땡볕 두어 달
저 안에 초승달 몇 낱

붉은 것은 성숙을 상징하고, 둥근 것은 완전함을 의미한다. 천둥, 번개, 서리, 땡볕 같은 이질적 요소를 내부에 조화롭게 통일했을 때 성숙해지고 완전해진다. 대추라는 존재가 완성된다. 존재의 본질은 관계의 총체이다. 대추나무는 천둥, 번개, 서리, 땡볕이라는 외부 세계와의 관계, 즉 만남 속에서 열매를 맺는다.

유기적 통일성의 기준을 가지고 배부른 돼지보다 배고픈 인간이 가치 있는 이유를 설명할 수도 있다. 존 스튜어트 밀이 배부른 돼지와 배고픈 인간을 비교한 건 쾌락에 질이 있다는 것을 보여주기 위해서였다 하는데, 서로 다른 질은 동일 지평에서 비교할 수 없으므로 충분한 설명이 되지 못한다. 유기적 통일성의 기준으로 설명해보자. 돼지는 본능이라는 하나의 차원만을 가진다. 반면 인간은 본능뿐만 아니라 이성이라는 두 개의 차원을 가진다. 본능이냐 이성이냐의 질적 차이가 아니라, 하나의 차원이냐 두 개의 차원이냐의 양적 차이가 돼지와 인간을 가르는 본질적 차이다. 만일 밀의 질적 차이 논증에서처럼, 돼지는 본능의 차원 하나만을 가지고, 사람은 이성의 차원 하나만을 가진다고 하자. 여기엔 질적인 차이만 있다. 질적인 차이에서 우열을 가리는 것은 선호나 직관의 문제일 뿐 객관적 검증은 곤란하다. 누가 배고픈 인간이 더 낫다고 하면, "나는 배부른 돼지가 더 나은데?" 하고 부정해버리면 그만이기 때문이다. 그런데 1차원과 2차원은 단순히 질적인 차이가 아니라 객관적으로 측정 가능한 양적인 차이이다. 본능의 1차원적 돼지보다 본능과 이성의 2차원적 인간이 더 고도화되어 있다. 한 개의 차원을 통제하는 생명체보다 두 개의 차원을 내부에서 조화롭게 통제하는 생명체가 더 차원이 높고, 따라서 더 가치 있다고 할 수 있는 것이다. 배부른 돼지와 배부른 인간을 비교해도 됐겠지만 굳이 배부른 돼지와 배고픈 인간을 비교한 것은 극적인 대비를 위한 문학적 기교일 따름이다. (좀 더 논리를 확대하여 인간과 신을 비교할 수도 있다. 예를 들어 인간보다 신이 낫다고 할 때 신이 인간적인 차원을 가지지 않는다고 한다면, 신이 인간보다 더 낫다고 볼 비교 근거는 없게 된다.)

이처럼 예술과, 생명과 이론과 경제, 자연, 사회, 철학 등의 다양한 분야에서 유기적 통일성이라는 차원이 가치의 개념을 잘 포착하는 것으로 나타난다. 물론 유기적 통일성으로 포착되지 않는 가치들이 있다. 만족감, 기쁨 등의 감정은 유기적 통일성의 요소가 없다 하더라도 그 자체로 가치 있는 것이다. 그럼에도 불구하고 유기적 통일성의 요소는 이들과 모순되지는 않는다.

그러면 가치와 의미는 어떤 관계인가? 가치는 어떤 단위가 내부에 간직한 유기적 통일성인 반면, 의미는 외부의 더 큰 가치와의 연결이다. 가치는 내부지향적인 반면, 의미는 외부지향적이다. 삶의 가치는 자신의 한계 안에 있고, 삶의 의미는 현재의 가치체계를 초월하는 새로운 가치체계를 추구하는 데 있다. 예를 들어 단일민족이라던 대한민국은 이제 다문화 사회로 전환되고 있는데, 이질적 문화 사이의 차이를 조화시켜 내부에서 통일하면 더 큰 의미를 향해 초월하는 것이고, 이러한 차이를 극복하지 못하고 사회가 붕괴한다면 우리의 의미 추구는 실패하게 된다. 히틀러가 아리안족의 영광을 운운하며 타민족을 말살하겠다는 것은 가치를 파괴하는 것이고, 초기의 미국처럼 다양성을 수용하고 조화롭게 공존하는 것이 가치를 창출하는 것이다. 가치는 자기보존적이고, 의미는 자기초월적이다. 가치의 보존, 즉 내부 질서의 통일은 보수이고, 가치의 초월, 즉 현재의 질서를 넘어 더 큰 가치를 향해 가는 것이 진보이다. 보수는 가치를 지키며, 진보는 의미를 추구한다. 노직은 전자를 고전주의로 보고 후자를 낭만주의로 보기도 한다.

6. 의미의 북극 _ 무한을 향해

    우리는 마침내 가상 현실에서 출발한 귀납적 삶의 의미가 개념에서 출발한 연역적 삶의 의미와 만나게 되는 장면을 목격했다. 서로 다른 지점에서 출발하여 서로 다른 경로를 밟아온 삶의 의미 탐색이 한 자리로 수렴했다는 것은 우리의 의미 탐사 루트가 잘못된 코스가 아니었음을 보여준다. 하지만 스릴러 영화가 해피엔딩으로 끝날 듯하다가 관객의 예측을 뒤집는 전개를 보이듯, 삶의 의미에 대한 여행이 여기서 해피엔딩으로 끝나면 재미가 없을 것이다. 좀 더 진도를 나가보자.

    우리가 한계를 초월하여 더 큰 가치의 영역에 도달했을 때 거기서 만족하고 머무를 수도 있지만, 다시 그것의 바깥에서 바라보는 것이 논리적으로 가능하다. 그때 우리는 더 큰 가치의 영역 역시 자신의 한계를 가지고 있음을 발견하게 된다. "우리가 아무리 넓게 연결되고, 아무리 의미의 그물망이 확장된다 하더라도, 우리는 그 모든 것을 둘러싸는 경계선을 상상 속에서 그려볼 수 있다. 그리고 그 경계선 밖에서 그것의 전모를 바라보며 물을 수 있다. '이 모든 것의 의미는 무엇인가?'라고."[16] 이것은 결국 의미의 문제가 계속해서 자기초월을 하다가 더 이상의 한계가 없는, 심지어 상상 속에서조차 더 이상 그것의 바깥에 설 수 없는 무한에 도달할 때에만 최종적으로 해결된다는 것을 의미한다(그래서 의미를 계속 추구하는 사람은 무한한 성장을 추구할 수밖에 없다).

무한the Unlimited이란 무엇일까? 숫자는 무한하다infinite. 하지만 그것은 단지 숫자일 뿐이다. 당신이 무한한 존재가 되고 싶다고 했을 때 그것은 무한한 수가 되고 싶다는 뜻은 아닐 것이다. 시공간은 무한하다. 그런데 그것은 단지 시공간일 뿐 다른 모든 것은 아니다. 여기서 말하는 무한은 모든 것을 포함하면서 배제되는 것이 하나도 없는 어떤 것, 그리하여 그것의 한계 바깥에 서 있는 것이 가능하지 않은 것을 말한다. 누군가 우주 전체와 합일하여 존재하는 모든 것을 포괄하게 되었다 하자. 대단한 일이다. 하지만 그것도 단지 하나의 우주일 뿐 무한은 아니다. 우리는 가능한 모든 우주를 상상할 수 있다(가능세계). 가능세계는 현실에서 존재하는 것 뿐 아니라 존재할 가능성이 있는 모든 것을 포괄하므로 무한하다 할 수 있다. 존재할 가능성이 있는 모든 세계는 아무것도 존재하지 않는 세계까지 포함하는 진짜 무한이라고 해보자. 그렇다면 이 무한의 의미는 무엇인가?

우리는 의미의 의미를 자신의 외부와 어떻게 연결되어 있는지를 묻는 것이라고 이해한 바 있다. 그렇다면 더 이상 바깥이 없는 무한에 도달했을 때 우리는 더 이상 의미를 물을 수 없다는 결론에 이르게 된다. 이때, 의미의 문제는 해결되는 것은 아니고 소멸하게 된다. 마치 우리가 북극에 도달했을 때 더 이상 북쪽이란 게 존재하지 않게 되듯, 의미는 더 이상의 외부가 없는 무한에 이를 때 사라진다. 왜냐하면 "무한의 의미는 무엇인가?"라는 질문은, 문제되는 것의 외부가 있어야 한다는 의미의 선행조건을 충족시키지 못하므로 성립할 수 없기 때문이다. 결국 의미의 북극, 즉 무한이라는 극점에 이르러 의미의 최종 단계는 무의미가 된다(삶의 의미가 삶 자체라는 말은 삶의 바깥이 없다고 보는 것이다. 따라서 자기를 지시하는 동어반복이 되어버리고, 결국 참이지만 무의미한 말이 되고 만다). 북쪽이 북극에 도달하기 위해 필요한 개념인 것처럼, 그리하여 북극에서는 더 이상 북쪽이 필요없는 것처럼, 의미는 무한에 도달하기 위해 필요한 개념이므로, 무한에 도달하면 의미는 소멸하게 된다. 의미도 아니고 무의미도 아니고 의미 자체의 소멸이다. 존재의 가장 큰 의미는 무의미다. 우리는 결국 무의미에 도달하기 위해서 의미를 추구한다는 일견 부조리한 결론에 도달한다. 하지만 과연 이것이 정말로 부조리한 결론일까? 다음의 논리와 비교해보면 상황이 합리적으로 이해될 수도 있다. "부자란 무엇인가? 더 이상 부자가 되기를 원하지 않는 사람이다. 우리는 왜 부자가 되려 하는가? 더 이상 부자가 되기를 원하지 않는 사람이 되기 위해서."

무한에 도달한 자의 삶의 의미는 무엇인가에 대해서는 답이 없을뿐더러 질문조차 성립할 수 없다. 따라서 정확히 표현하자면 의미의 최종단계는 무의미하다기보다는 '의미 있음'과 '의미 없음'의 범주를 초월해 있다는 점에서 초超의미적이라 할 수 있다. 무한에 도달한 자에게는 삶의 의미에 대한 질문은 떠오르지 않을 것이다. 어쩌면 이것이 앞에서 예를 든 삶의 의미의 최종 단계에 도달한 현자가 선적인 태도를 취하게 될 수밖에 없는 이유일지 모른다. 모든 것을 아는 이는 아무 말도 하지 않을 것이다知著不言. 어쩌면 그는 아무것도 하지 않을지 모른다無爲. 따라서 우리가 미리 모든 것을 알아서는 안 된다(즉 스무 살에 해탈하는 것은 좋은 일이 아니다). 무한에 이른 자는 아마 그 모든 것이 결국은 별 것 아니었다고 말할지도 모른다. 하지만 그것은 극점에 도달하지 못한 자가 할 수 있는 말은 아니다 (예컨대 돈이 사실은 아무것도 아니란 말은 돈의 극한에 이르러 보지 못한 사람이 할 수 있는 말은 아니다. 이건희 정도 되면 그런 말을 할 자격이 있을까? 부자란 더 이상 부자가 되기를 원하지 않는 사람이라는 앞의 정의에 비추어 볼 때, 이건희는 돈의 한계를 초월했던 사람 같지는 않다. 돈 벌기 사업을 정리한 후 자선사업에 나선 빌 게이츠 정도 되면 그런 말을 할 자격이 있을지 모른다). 우리는 삶이 별 것 아님을 확인하기 위해, 별 것 아닌 세상을 끝까지 살아보기도 하는 것이다.

삶의 의미는 더 넓은 가치의 연결망 속에서 자기 한계를 초월하는 것이다. 이 기준에 따르면 생명이 원핵세포들의 연합이라는 형태를 취하며 더 복잡한 생명체로 진화하는 순간부터 자기한계를 초월하려는 의미 추구 행위의 원시적 형태가 나타나는 것으로 해석할 수 있다. 지구상에 흩어져 개별적 역사를 전개해 온 인간이 씨족, 부족, 국가를 거쳐 국가들 간의 지역연합을 형성하기에 이른 것도 인간 사회가 자신의 한계를 초월하면서 더 넓은 가치의 네트워크를 구축하려는 노력을 해온 것으로 볼수 있다. 반성적 자기의식이라는 시공상의 한 점으로부터 시작한 인간의 의식이 문자를 발명함으로써 시공간의 한계를 초월하여 상호 교류하면서 인류 단위의 사상체계를 형성하고, 오늘날 인터넷 등 정보통신망을 통한 전세계적 집단지성의 네트워크로 통합되기에 이른 것 역시 개인적 의식의 한계를 초월하여 우주적인 절대정신(?)을 향해 나아가는 '헤겔적인' 과정으로 볼 수 있다.

이러한 진화를 통한 생태계 다양성 증가와, 인간 사회의 지구적 통합과, 의식의 전개 과정 속에서 인터넷이라는 '인류의 뇌'가 출현한 사건들은 내적으로는 더 많은 다양성을 포함하면서 외적으로는 더 넓은 가치의 연결망 속에서 자기한계를 초월하고자 하는 생명 일반의 의미 추구 행위의 특수한 형태들로 해석할 수 있다.

노직은 개인적 단위를 넘어서 인류 앞에 놓여 있는 한계를 초월하려는 과제로서, 다른 형태의 생명체나 의식적 존재와의 접촉, 다른 은하계의 문명과의 교류, 인간의 추가적 진화, 우주적 생명 교향곡과 문화 발전을 위한 인류의 기여 등 거의 공상과학소설의 테마처럼 보이는 사안들을 꼽고 있다. 오늘날에는 인공지능, 나노기술, 유전공학, 의식 업로딩, 로봇공학, 우주 거주 등을 통해 인간의 신체적, 정신적, 지구적 한계를 넘어서려는 트랜스 휴머니즘 운동이 21세기에 걸맞는 SF 스타일로 인간의 의미 추구 활동의 범위를 넓혀가고 있다. 아마 인류(아니 그때쯤이면 호모 사피엔스가 아닌 다른 포스트휴먼이 되어 있을 것이다) 혹은 다른 의식을 가진 외계 생명체들은 초은하적 문명에 도달한 이후에도 여전히 그것의 한계를 넘어 더 큰 의미를 추구할 것이 분명하다. 의미의 추구는 더 큰 가치, 궁극적으로는 무한을 지향하는 생명의 끊임 없는 분투이기 때문이다. 그것은 어쩌면 신에 도달하거나, 스스로 신이 되고자 하는 생명체의 원대한 기획일지도 모른다.

7. 인생은 정말 무의미할까?

이제 처음에 제기한 미첼 헤스먼의 물음, 인생은 과연 무의미한가에 대해 답을 할 차례다. 먼저 지적하고 싶은 것은 삶의 의미에 대한 질문이 하나의 질문이 아니라 여러 질문들을 모아놓은 복합적이고 중의적인 질문이라는 점이다. 가미야 미에코의 약간은 허술한 분류에 따르면 삶의 의미에 대한 질문은 다음의 세부 질문들로 구분될 수 있다.[17]

① 내 존재는 무엇을 위해, 혹은 누구를 위해 필요할까?
② 내 고유의 살아가는 목표는 무엇일까? 목표가 있다면 그것 에 충실하게 살고 있는 것일까?
③ 이상 혹은 그 이외의 다른 점으로 판단했을 때 나는 살 자격이 있을까?
④ 일반적으로 인생은 살 가치가 있을까?

이 네 가지 외에 다른 항목들을 더 포함할 수도 있겠지만 여기서 말하고자 하는 논점에는 영향을 주지 못한다. 이 세부 질문 가운데에서 네 번째 질문이 가장 상위의 질문이며, 논리적으로는 이것이 해결되지 않으면 다른 질문도 성립하지 않는다. 만일 인생이 살 만한 가치가 없다고 답한다면 다른 모든 하위 질문들은 던질 필요조차 없는 '하찮은' 사안일 뿐이며 자살만이 유일한 논리적 귀결이 된다! 이것이 카뮈나 미첼 헤스먼 등이 주장하는 철학적 자살의 연역적 논리 구조다. 그런데 일상생활에서 사람들은 이러한 허무주의의 연역법을 완전히 무시한다. 대부분의 사람들은 네 번째 질문에 대한 답을 몰라도 다른 질문 가운데 어느 하나라도 확신을 갖고 긍정할 수 있으면, 그것만으로도 아주 건강하게, 삶의 의미를 충만하게 느끼며 살 수 있다.

스물아홉에 식물인간이 된 딸이 욕창이 나지 않도록 8년간 3만 번을 뒤집었다는 어머니의 사례가 있다. 이 어머니는 그동안 하루 3시간 이상을 자본 적이 없으며 매일 2시간에 한 번씩 딸의 몸을 뒤집고 마사지했다 한다. 외출도 거의 하지 않고 시장에 갔다가도 뛰어서 돌아온다. 복지부에서 받는 50만 원의 생활비로 살아가는 이 어머니의 유일한 바람은 딸이 '곱게' 아팠으면 좋겠다는 것. 이 어머니의 존재는 바로 아픈 딸을 위해 사는 것이며 딸이 필요로 해서 사는 것이다. 앞의 첫번째 질문에 대한 긍정과 확신이 이 어머니의 삶을 의미 있게 만든다. 인생 일반이 의미가 있느냐 없느냐는 카뮈 같은 허무주의자의 문제이지 이 어머니 같은 일상인의 문제는 아니다. 설사 인생 일반이 의미가 없다는 것이 사실이라 하더라도 이 어머니의 딸에 대한 행동이 달라지지는 않을 것이다.

이것은 허무주의자들이 볼 때는 분명 논리적으로 잘못된 태도다. 인생이 자체가 무의미한 것이라면 식물인간이 된 딸을 보살피는 것은 당연히 부질없는 짓이 된다. 하지만 어떠한 논리적 진실을 가지고도 이 어머니는 설득되지 않을 것이다. 허무주의자들에게는 절망스럽겠지만 이것이야말로 카뮈가 제기하고 헤스먼이 실행한 철학적 자살을 부정하는 일상인들의 효과적인 대처법이다. 재미있는 사실은 일상인들의 비논리를 개탄하는 허무주의자들 또한 논리적 오류에서 자유롭지는 못하다는 점이다. 헤스먼의 허무주의적 추론이 자살로 끝난 것 역시 별로 논리적으로 올바른 결정은 못 된다. 어쩌면 그의 허무주의 실험이 논리적 오류를 범한 채 개인적 자살에 그친 것은 매우 다행한 일일 수 있다. 무슨 말인가?

아무것도 중요한 것은 없으므로 인생은 살 만한 가치가 없다는 허무주의의 논리적 귀결은 사실 개인적 자살에서 끝나지 않는다. 왜냐하면 여기서 살 만한 가치가 없는 것으로 결론이 난 것은 나의 특수한 인생이 아니라 인생 일반, 즉 모든 사람의 인생이기 때문이다. 나의 인생만 무의미한 것이라면 자살만으로 충분하다

타인의 인생의 의미는 여기서 부정되지 않기 때문이다. 하지만 모든 인생이 살 만한 가치가 없다는 결론을 충실히 따른다면 자살로는 충분치 않으며, 모든 인생들을 다 끝장내는 것이 더 허무주의의 논리에 충실한 태도다.《죄와 벌》의 라스콜리니코프나《이방인》의 뫼르소처럼 무고한 노파나 아랍인 한두 명 죽이는 정도로는 너무 소심하다. 묻지마 살인자들처럼 번화가에서 길 가는 행인을 최대한 많이 죽이고 자살하는 것이 허무주의의 논리에 보다 충실한 태도다. 무의미하다고 결론 내린 수백만의 인생들을 가스실에서 소멸시키고 자살로 생을 마감한 히틀러야말로 역사상 가장 충실한 허무주의자가 아니었을까?

허무주의자의 전략은 노직의 의미 가운데 ③번 목적으로서의 의미, ⑥번 객관적 의미, ⑦번 본질적 의미 중 하나를 부정함으로써 나머지 모든 의미(특히 ⑤번의 개인적 소중함으로서의 의미)까지 부정하는 방식을 취한다. 가장 상투적인 예를 들면, 인생에 목적은 없다 (③번의 부정). 따라서 '아무것도, 아무것도 중요한 것은 없다 (①~⑧번 모두 부정)'는 식이다. 1장 첫머리에 소개한 헤어 교수의 스위스 학생은 바로 이 논리에 불의의 일격을 당한 것이다. 사실 이 논리는 매우 허술하다. 인생에 목적으로서의 의미가 없다고 인정한다 해도, 개인적 소중함을 비롯한 다른 의미는 여전히 있을 수 있다. 심지어 객관적인 의미와 본질적인 의미까지 존재하지 않는다 하더라도 최소한 '개인적 소중함'이라는 의미는 남는다. 그리고 개인적 소중함이라는 의미만 놓치지 않아도 허무주의자의 공격을 충분히 방어할 수 있다. 나의 삶이 적어도 나에게 중요한 것이라면 최소한 내 인생만은 무의미한 것이 아니기 때문이다. 줄리언 바지니는 (노직과는 달리) 여기에다 ②번의 지시적 의미까지 부정하였지만, 개인적 중요성이라는 의미는 옹호한 바 있다.

> 예컨대 인생이 유의미하기 위해선 어떤 목적을 가지고 창조되었어야 한다고 생각한다면, 나는 그런 의미에서는 인생이 무의미하다는 의견에 동의한다. … 그러나 '그러므로 인생은 무의미하다'고 결론 내리는 것은 인생이 유의미할 수 있는 다른 많은 길을 너무 쉽게 외면하는 것이다.[18]
> '의미하다'는 또한 '나타내다'일 수도 있다. … 가운데 두껍고 하얀

선이 그어진 빨간 원으로 된 도로표지판은 정지를 '나타낸다.' 그러나 이 역시 인생이 가질 수 있는 종류의 의미는 아니다. 즉 인생은 그 어떤 것도 나타내지 않는다.

하지만 '인생의 의미'라는 생각 전체가 모순이라고 주장하려는 시도는 "그것은 내게 아주 많은 것을 의미해"에서처럼 의미라는 단어가 어떤 것이 지닌 중요성을 뜻할 경우 흔들린다. 인생은 의미를 가질 수 있으며, 실제로 의미를 가지는 것은 바로 여기다. 중립적 관점에서 보면 인생은 그 자체로는 의미를 지닐 수 없다. 그러나 인생은 우리에게 무엇인가를 의미한다.[19]

허무주의자가 최종적인 승리를 거두는 때는 바로 개인적 소중함으로서의 의미를 부정하게 만드는 데 성공하는 순간이다. 개인적 중요성으로서의 의미를 포기하지 않는 사람은 다른 모든 의미를 부정한다손 치더라도 허무주의에 무릎을 꿇지 않을 수 있다.

줄리언 바지니는 인생이 무의미하다는 허무주의의 주장에 대해 주관적 감정을 객관적 사실인 양 호도하는 비관주의자의 호들갑으로 평가절하한다. 허무주의는 인생의 무목적성에 과민 반응하는 정서가 불안한 사람들의 기질적 문제일 뿐, 객관적 증거로써 뒷받침되지 않는다. 노자 역시 인생의 우주적 무목적성을 인지하였으나 天地不仁而萬物爲芻狗, 카뮈처럼 오버하지 않고 그것을 담담히 받아들였다. 결국 비관주의와 낙관주의라는 성격상의 문제다. 그러면 누가 다수고 누가 소수인가?

당연히 허무주의자가 소수이다. 허무주의자는 감정적 무능에 빠져 가치판단 능력이 결여된 예외적인 존재이다. 허무주의자의 제1법칙은 '당신이 무엇을 상상하든 그것은 전혀 중요하지 않다'는 것이다. 당신이 스무 살에 죽든 아흔 살에 죽든 그건 중요한 일이 아니다. 당신이 결혼을 하든 사랑을 하든 그것도 중요한 일이 아니다. 심지어 전당포 노파를 도끼로 내려치든, 아랍인을 총으로 쏴 죽이든, 그 결과로 단두대에서 목이 잘리든 그것조차 뭐가 중요하단 말인가? 허무주의는 이러한 방식의 부정적 감정으로 귀결되는데, 그런데 허무주의에 불리하게도 심리학의 조사 결과는 대부분의 사람들이 행복하다고 판단하고 있다는 사실이다. 사람들에게 삶에 대한 만족도에 0에서 10까지 등급을 매기라고 하면, 다양한 문화적 배경의 사람들이 평균적으로 7등급을 매긴다. 삶에서 중요한 측면을 발견할 능력이 없는 허무주의가 다수파라면 이 점수는 2~3 정도로 나타나야 하는데 현실은 정반대인 것이다. 따라서 예외적 존재인 우울증 환자를 인생의 의미를 위한 기준으로 삼는 것은 정신분열증 환자를 인간 지식을 가늠하는 기준으로 삼는 것과 마찬가지로 잘못이다.[20]

소수파로 판명된 허무주의가 옳다는 것을 증명하려면 행복한 사람들이 다수이긴 하지만 모두 망상에 빠졌다는 것을 보여줘야 한다. 그러기 위해선 인생이 무의미하다는 주관적 느낌이 아니라 객관적 사실을 들이대야 한다. 그런데 인생이 무의미하다는 허무주의자들의 독단적 확신과는 달리 사실 인생이 무의미해지려면 꽤 까다로운 조건들이 필요하다. 폴 새가드가 말했듯 당신에게 정신 표상이 전혀 없다면 아무것도 중요하다고 느껴지는 것이 없기 때문에 당신의 삶은 무의미할 수 있다. 이 상태가 되려면 아무런 믿음도 경험도 의식하지 않고 의식할 가능성도 없어야 한다. 이것은 어떤 경우일까? 깊은 잠이나 혼수상태에 빠지는 경우로는 부족하다. 이런 경우는 깨어나면 표상을 의식할 잠재력이 있기 때문이다. 뇌가 광범위하게 손상되어 회복 불가능한 식물인간 상태에 빠진다면? 이 지점에 도달한 사람에게는 삶이 무의미하다고 할 수 있다. 하지만 이 경우에도 그를 돌보는 부모, 형제, 배우자, 자녀에게는 여전히 그의 삶이 의미가 있을 수 있다. 그렇기 때문에 차마 인공 호흡기를 떼지 못하는 것이다.[21] 역사상 최악의 인물로 손꼽히는 히틀러조차 그의 연인이었던 에바 브라운에게는 함께 따라 죽어도 좋을 만큼 의미 있는 존재였다(에바 브라운은 최후가 임박한 지하벙커에서 빠져나가라는 히틀러의 요구를 거부했다). 하다못해 천하의 살인마 유영철도 죽어서 흙이 되면 나무 거름이라도 될 수 있고, 먼지가 되면 곰팡이들의 양분으로라도 가치가 있기 때문에 완전히 무의미하다고 할 수 없다.

이 우주에서 순수한 진공 상태를 만들기가 불가능하듯, 일단 태어난 이상 우리 인생이 문자 그대로 완전히 무의미해지는 것은 불가능하다. 단지 우리의 언어 습관이 의미가 있다meaningful와 의미 없다meaningless로 중간값 없는 디지털적 표현으로 되어 있기 때문에 의미가 작은 것을 관용적으로 무의미하다고 부르고 있을 뿐이다. 즉, 삶의 의미와 관련하여 '의미 있다'라고 말하는 형식 자체에 함정이 있는 것인데, 왜냐하면 이 주장에 대한 반박은 곧바로 '의미 없다주'로 귀결되기 때문이다. 삶의 의미가 순식간에 '존재냐 무냐'의 흑백논리, '0이냐 1이냐'의 디지털적 참과 거짓의 문제로 바뀌게 된다.

그 결과 삶이 무의미할 논리적 가능성이 무려 50퍼센트는 되는 것으로 보인다. 정확한 표현은 삶의 의미가 '있거나 없거나'가 아니라, '크거나 작거나'이다. 즉 디지털적인 것이 아니라 아날로그적인 것이어야 한다. 어떠한 삶을 놓고 보더라도 그야말로 의미가 진공처럼 빠져나가버린 완전히 무의미한 삶을 상상하기는 힘들다. 즉 의미가 '전혀' 없다고 말할 수 있는 삶은 '거의' 존재하지 않는다. 삶의 의미를 '있다/없다'가 아니라 '크다/작다'로 표현한다면, 삶이 무의미할 논리적 가능성은 50퍼센트가 아니라 극히 작은 것으로 나타난다. 극히 작은 확률을 근거로 삶이 무의미하다고 함부로 주장하는 것은 폭력적이거나 어리석은 태도다. 논리적으로 볼 때 어떠한 인생도 무의미하다고 할 만한 삶은 없다. 다만 의미가 작거나 무의미에 가까워지는 삶이 있을 뿐이다.

8. 무의미한 삶이란?

그렇다면 어떤 삶이 의미가 작은, 혹은 무의미에 가까운 삶일까? 지금까지 우리가 탐구한 의미 기준으로 무의미에 가까운 삶을 판단해볼 수 있다. 여기에서도 관용적으로 '무의미하다'라는 말을 쓰겠지만, 그 의미는 100퍼센트 순수하게 무의미하다는 뜻이 아니라 '의미가 작다' 내지는 '무의미에 가깝다' 정도로 이해하면 되겠다.

　먼저 귀납적 기준, 즉 객관적 가치 생산을 통한 주관적 만족을 얻는 삶을 의미의 기준으로 판단해보자. 이 경우 삶에서 객관적 가치를 제거해버리면 삶의 의미가 작아지게 된다. 예컨대 타인에게 전혀 도움이 안 되고, 자기와 가족만을 생각하는 이기주의자의 '성공한' 삶을 보자. 이 행복한 이기주의자에게는 주관적 만족은 있으나 객관적 가치가 없으므로 삶의 의미는 크지 않다. 여기에서 객관적 가치뿐만 아니라 주관적 만족까지 제거해버리면 삶의 의미는 더욱 축소된다. 예컨대 타인에게 전혀 도움을 줄 생각이 없고 진선미에 관한 아무런 가치를 창조한 바도 없으며, 오직 자기와 가족만을 위한 이기주의자로 살았는데 별로 성공하지도 못한 경우를 생각해볼 수 있다. 그의 삶은 객관적 가치를 생산하지도 못했고 주관적 만족도 얻지 못했으므로 무의미에 꽤 가까워질 것이다. 오직 하느님만을 위한 헌신적인 삶을 살았는데, 사실은 그 하느님이 존재하지 않는 헛것이었다면 그 삶은 절반쯤 무의미한 삶이 된다. 왜냐하면 객관성이 결여된 주관적 만족에 불과하기 때문에(물론 하느님이 존재한다면 얘기는 달라지는데, 이 경우에도 그 '하느님'의 객관적 가치는 더 따져봐야 한다). 거꾸로 객관적 가치는 있으되 주관적 만족이 결여된 경우도 있을 수 있다. 예를 들어 능력은 뛰어나지만 내면은 보헤미안적 심성을 가진 자유인인데 어쩔 수 없는 역사적 운명으로 원치 않는 권력의 자리에 오른 사람이 있다 하자. 요임금이 왕위를 물려주려 하자 자신의 귀가 더러워졌다고 하여 영수강 물에 귀를 씻고 기산箕山에 들어가서 숨었다고 하는 허유許由 정도 되는 인물인데, 허유처럼 모질지 못해 왕위를 물려받았다 하자. 그리고 이 사람이 역사에 남을 업적을 이루어냈다고 하자. 그의 삶은 객관적 가치는 있으되 주관적 만족은 크지 않으므로 절반쯤의 의미만 이루었다 할 수 있다.

　다음으로 연역적 기준, 즉 더 넓은 가치의 연결망 속에서 자기를 초월하는 것을 삶의 의미로 보는 기준을 가지고 판단해보자. 여기서는 가치의 연결망이 끊어지고, 자아의 범위가 시간적, 공간적으로 축소될수록 삶의 의미는 작아지게 된다. 예컨대 사회적 관계가 단절되어 골방 생활을 하는 히키코모리의 삶은 의미가 작다. 단 한 번도 자기를 초월해보지 못한 현실안주형 삶도 무의미에 가까워진다. 김중식 시인이 〈이탈한 자가 문득〉이라는 시에서 묘사한 바 있는, 자기의 꼬리를 물고 뱅뱅 도는, 가는 곳만 가고 아는 것만 아는, 단 한 번도 궤도 이탈을 해보지 못한 타성에 젖은 삶도 유의미하다고 볼 수 없다. 자아의 통합성이 결여되어 단기 기억으로 점철되는 '메멘토'의 삶이나, 자아초월은커녕 자아가 분열되어버린 삶도 무의미하다. 예컨대 도덕적 기준 없이 이익에 따라 오락가락하는 삶은 자아의 통합성이 약하다고 볼 수 있다. 20대에는 독재에 저항하는 투사였다가 40대에는 독재자의 하수인이 되어 아부하며 출세를 노리는 변절자의 삶은 자기분열적이므로 별 의미가 없다. 인생 전반에 걸친 장기 프로젝트가 없는 삶도 의미가 작아진다. 인생 전반에 걸친 장기 계획은 가지고 있으나, 돈이나 성공 같은 단일한 가치만 추구할 뿐 그것이 개인적 관심사의 한계를 넘어서는 범위로 확장되지 못하는 삶은 별로 의미가 없다. 어떤 사람이 최고의 재벌이 되어 자신과 가족의 최대행복을 달성했다 하더라도 우리는 그에게 물을 수 있다. "그런데 그러한 삶이 도대체 무슨 의미를 가진다는 말인가?" 삶이 의미를 가지려면 그것은 자신을 넘어서는 다른 것들, 다른 사람들, 다른 가치들과 관계를 맺어야 한다.[22]

이 기준에 따르면 산속에 은둔하여 명상만 하는 수행자들의 삶도 우리의 예상과는 달리 별로 큰 의미는 없다. 이러한 삶은 현실과 단절되어 있으며, 추상적일 뿐 실질적 콘텐츠가 없다. 예컨대 성철 스님의 경우 불교적 깨달음을 통한 내면적 자아실현에 도달했다고 할 수 있지만, 이는 개인적 수준에서의 사건일 뿐 사회적, 역사적 실천이 결여되어 있기 때문에 삶의 총체적 완성면에서는 불균형하다. 성철은 군부독재에 대한 국민의 분노가 하늘을 찔렀던 1987년 6월 항쟁 직전에 전두환을 빗대 "사탄이여! 어서 오십시오. 나는 당신을 존경하며 예배합니다"라는 내용의 지나치게 '고차원적인(?)' 법어를 내놓았다가 독재를 비판했던 김수환 추기경과 비교되어 김용옥 교수에게 공개적으로 비난을 듣기도 했다. 삶의 의미는 세상과의 연결을 요구하기 때문에 깨달음 자체를 위한 깨달음의 의미는 크지 않다. 그것은 마치 "인생의 의미는 인생의 의미를 찾는 데 있다"라고 주장하는 궤변이 무의미한 것과 같다. 실천 윤리학자 피터 싱어가 제시한 사례에서처럼, 어떤 사람이 자서전 쓰는 걸 인생의 목적으로 정하고 아무런 일을 안 하고 컴퓨터 앞에 앉아 있기만 한다면 자서전의 내용이란 아무것도 없게 된다.[23] 인생의 의미도 그것을 찾는다고 산속에 들어가 호흡하고 명상하고 앉아 있기만 해서는 의미의 콘텐츠가 빈약해진다. 실천을 통해 가치를 창조해야 의미가 나온다.

더 큰 가치를 향한 자기초월의 기준에서 볼 때, 다른 조건이 같다면 가족을 구성하지 않는 독신의 삶은 결혼한 사람들의 인생보다 덜 의미 있다. 또한 결혼하고도 부부가 즐기겠다고 아이가 없는 삶을 선택하는 경우 아이가 있는 삶보다 덜 의미 있다. '유기적 통일성'이라는 가치의 정의에 입각한 자기초월의 기준에 따르면, 내부에 더 넓은 관계망을 조화롭게 통합하여 더 큰 자기를 완성하는 삶이 보다 의미 있기 때문이다. 미국 심리학자들의 여러 조사에 따르면 자녀를 가진 부부의 행복감이 자녀를 갖지 않은 부부보다 일관되게 낮게 나온다고 한다.[24] 그럼에도 불구하고 자녀를 가진 부부의 상대적으로 불행한(?) 삶이 자녀 없는 부부의 행복한 삶보다 더 의미가 있다고 할 수 있다. 이 밖에도 개인의 범위를 넘어서는 공동체적 가치나 역사적인 명분에 투신해본 적이 없는 삶은 다른 조건이 같다면 그만큼 덜 의미가 있다, 등등의 숱한 사례를 찾을 수 있다.

우리는 이처럼 객관적 가치와 주관적 만족을 통한 자기완성이라는 귀납적 기준과 더 넓은 가치의 연결망 속에서의 자기초월이라는 연역적 기준을 통해 우리들의 다양한 삶의 형태에 대해 그 의미의 상대적 크기를 평가해볼 수 있을 것이다. 이 기준에 따라 삶과 죽음을 비교해보면, 삶은 죽음보다 더 큰 의미가 있다는 결론이 도출된다. 왜냐하면 삶은 객관적 가치 생산을 통한 주관적 만족이라는 귀납적 의미 기준을 충족할 가능성이 있지만, 죽음은 그 가능성을 파괴하기 때문이다. 또한 삶은 죽음의 가능성을 품고 있지만, 죽음은 삶을 포함하지 못하기 때문에 유기적 통일성이라는 가치 기준에서 볼 때 삶이 죽음보다 더 가치 있다. 결국 헤스먼이 말하는 인생은 무의미하기 때문에 자살해야 한다는 주장은 모순이 된다. 왜냐하면 죽음은 삶보다 더 무의미하기 때문이며, 죽는 것보다는 사는 것이 더 의미 있기 때문이다. 카뮈의 말대로 인생은 부조리하다. 그러나 부조리한 삶이 조리 있는 죽음보다 가치 있다.

맺음말

　　폴 새가드는 "당신의 삶이 가족과 친구들의 사랑, 생산적이고 유쾌한 일, 기쁨을 가져다주는 다양한 취미와 오락으로 풍성하다면, 삶의 의미라는 일반적인 쟁점이 당신에게 말썽이 될 여지는 거의 없어지고, 자살에 대한 카뮈의 극단적 질문도 제거된다"고 주장했다. 아마 이 말은 99.99퍼센트의 신뢰도를 가지고 진실일 것이다. 그런데 여기 0.01퍼센트에 해당하는 '블랙스완'(예외적이고 발생 가능성이 없어 보이는 일이 실제 발생한 사건)이 있다.

　　그는 귀족이었다. 그는 엄청난 부자였다. 그는 육체적으로 건강했고 지적으로도 탁월했다. 그는 전쟁 영웅이었고, 문학적으로도 타의 추종을 불허할 세계적인 업적을 남겼다. 그에게는 사랑하는 아내와 자녀와 가족들이 있었다. 온 세상에 이름을 떨쳤고, 세상 모든 사람이 그를 존경했다. 게다가 그는 장수를 누리기까지 했다. 그런데도 그는 인생이 너무나 허망하다는 부조리감에 몸을 떨었다. 그러다가 급기야 가출을 단행하였고 길에서 객사했다. 이 세상에서 누릴 수 있는 거의 모든 것을 가지고도 삶의 무의미함에 몸서리쳤던 그 사람은 바로 러시아의 대문호 톨스토이다(앞 절에서 농노들을 부러워했다는 바로 그 작가가 톨스토이다). 일과 사랑과 놀이뿐만 아니라 부와 명예까지 거머쥐고도 삶에 만족하지 못했던 톨스토이는 폴 새가드의 기준에 따르면 단지 정신병을 앓고 있는 환자에 불과하거나 도무지 만족을 모르는 탐욕스런 인간일 것이다.

다른 편 극단에는 누가 있을까? 잭슨 폴록Jackson Pollock 같은 추상미술가들이 있지 않을까? 캔버스에 아무렇게나 물감을 뿌리거나 쏟아놓고 뭐가 뭔지 알아볼 수도 없는 색채와 형태의 잡탕을 만들어놓은 다음 〈가을의 리듬Autumn Rhythm〉이나 〈컨버전스Convergence〉 같은 그럴듯한 제목을 갖다 붙인다. 그러면 평론가란 사람들이 온갖 이론적 근거를 들이대며 그 낙서(?)에 심각한 의미를 부여한다. 그러면 돈 많은 사람들은 기꺼이 수백만 불을 지불하고 구매하여 벽에다 걸어두고는 작품의 의미를 감상한다고 주장한다. 객관적으로 무의미한 것에서 그럴듯한 초현실적 의미를 끌어내고 갖다 붙이고 심각한 체하는 데 있어 이들을 따라갈 사람은 드물 것이다. 어쩌면 이들은 진공 속에서도 무진장한 의미를 뽑아 낼 수 있을지 모르겠다.

추상미술가들이 자기들의 무의미해 보이는 작품에 그럴듯한 의미를 갖다 붙이는 것처럼, 우리도 우리의 작품이라 할 수 있는 우리의 인생에 그럴듯한 의미를 부여할 수 있다. 노직이 말한 의미론적 의미에 따라 맘대로 내 인생의 의미를 붙여보자. "내 삶의 의미는 정의의 칼날이다." 멋지다. 좀 더 현실적인 사람이라면 "그러면 내 삶의 의미는 밥이다"라고 할 수도 있겠다. "오냐, 그렇다면 내 삶의 의미는 똥이다!"라고 장난치는 것도 가능하다(꼭 장난만은 아닌 것이 인간 삶의 의미를 퇴비로 보는 도나 해러웨이 같은 진지한 철학자도 있다). 이 정도 파격에 만족하지 못하는 사람이라면 언어의 자의성을 활용한

<가을의 리듬>, 잭슨 폴록, 1950

조작적 정의도 가능하다. 예컨대 "내 인생의 의미는 뽮으로 하련다."
이러한 무정부주의적 삶의 의미 부여도 얼마든지 상상해볼 수 있다.
물론 이러한 자의적 의미를 가지고는 타인과의 소통에 성공하기 힘
들뿐더러 자신에게도 별 도움이 못 된다는 단점이 있다.

　　우리는 한편으로 대문호 톨스토이처럼(또는 청년 싯다르타 왕자
님처럼) 삶의 모든 의미 조건을 갖추고도 인생이 무의미하다고 절망
할 수 있다. 그것은 우리의 자유다. 우리는 다른 한편으로 잭슨 폴록
처럼 아무런 의미도 찾아내기 힘든 곳에서도 (조작적 정의를 통해 또
는 무정부적 자의성으로) 온갖 심오하고 예술적이며 철학적인 의미
를 그럴 듯하게 갖다 붙일 수도 있다. 이것도 우리의 자유다. 하지만
아마 대부분의 사람들은 새가드의 조언에 따라 일과 놀이와 사랑 속

에서 현세적이고 객관적인 삶의 의미를 추구하는 중용의 길을 택할 것이다. 이 길은 바로 지금까지 논의해온 객관적 가치 창출과 주관적 만족을 통한 자기완성의 길이다.

어떤 선택을 하느냐는 당신에게 달려 있다. 하지만 인생에 대해 충분한 성찰을 거친 사람이라면 여러 길 가운데 어느 하나를 선택하는 것만이 유일한 해답이 아니라는 결론에 이를 수도 있을 것이다. 이 모든 의미의 차별상들은 단지 무한한 세계가 인간 의식에 드러나는 부분적 일면들일 수 있기 때문이다. 아마 대부분의 관점은 부분적 관점에 지나지 않을 것이다.

예를 들어보자. 스피노자가 말한 '영원의 빛 아래sub specie aeternitatis'에서 보는 것, 또는 비트겐슈타인이 말한 '세계를 한계 지어진 전체로서 본다는 것'이 과연 신의 관점God's eye view일까? 벌레의 관점을 전혀 모르면서, 우주의 관점에서만 보는 것이 삶의 전모를 파악하는 것일까? 신의 관점은 과연 우주적 관점일까? 저 높은 정상에서 또는 외부에서 세상을 내려다보면서 하나의 전체로 보는 것으로써 세상의 총체성을 파악했다고 주장할 수 있을까? 그것은 벌레의 관점과 정반대에 있는 또 하나의 부분적 관점에 지나지 않는 것이 아닐까? 나무가 아니라 숲을 보는 사람은 전체를 보는 것이 아니라 단지 숲만 바라보고 있는 것일 수 있다. 가장 높이 나는 새는 가장 멀리 보지만, 낮게 나는 새처럼 자세히 보지는 못한다. 신의 관점이 가장 높은 곳에서 바라보는 시선일 뿐이라면, 신의 관점에서는 벌레의 마음을 이해하지 못한다는 납득하기 힘든 결론이 나오게 된다. 소설에서 등장하는 남의 속을 꿰뚫는 전지적 작가 시점이라면 신의 관점이라

할 수 있을까? 어쩌면 1인칭, 2인칭, 3인칭 시점뿐만 아니라 전지적 작가 시점 역시도 인물의 내면을 꿰뚫을 뿐 여전히 3인칭에 머물고 있다는 점에서 부분적 시선이 아닐까? 신의 관점은 이 모든 부분적 관점들을 자유롭게 넘나들며 차별적 일면들을 유기적으로 종합하여 세상을 총체성 속에서 바라보는 다차원적 시선이어야 하지 않을까? 이 다차원적 시선이 무한히 전개되면 네이글이 말하는 무관점의 관점view from nowhere에 가까워지지 않을까?

이러한 총체성의 관점은 어찌 보면 산전수전 다 겪은 지혜로운 노인의 관점이다. 하지만 여기엔 젊은이의 미숙한 관점에 스며 있는 풋풋함, 생동감은 없다. 사회체제를 뒤집어 엎으려는 역동적인 힘도 없다. 따라서 젊은이들이 해탈하는 것은 그리 좋은 일이 못 된다. 또한 지혜로운 노인의 관점조차 총체성을 완전히 담보하지는 못한다. 이면우의 〈거미〉라는 시를 통해 이를 살펴보자. 시인은 아침에 오솔길을 산책하다가 고추잠자리가 거미줄에 걸려서 파닥거리는 장면을 목격한다. 불쌍하다, 살려주어야 할까, 그냥 지나쳐야 할까, 당신이라면 어떻게 할 것인가?

그래, 내가 열아홉이라면 저 투명한 날개를
망에서 떼어내 바람 속으로 되돌릴 수 있겠지
적어도 스물아홉, 서른아홉이라면 짐짓
몸 전체로 망을 밀고 가도 좋을 게다
그러나 나는 지금 마흔아홉
홀로 망을 짜던 거미의 마음을 엿볼 나이

지금 흔들리는 건 가을 거미의 외로움을 안다
캄캄한 배속, 들끓는 열망을 바로 지금, 부신 햇살 속에
저토록 살아 꿈틀대는 걸로 바꿔놓고자
밤을 지새운 거미, 필사의 그물짜기를 나는 안다
이제 곧 겨울이 잇대 올 것이다

이윽고 파닥거림 뜸해지고
그쯤에서 거미는 궁리를 마쳤던가
슬슬 잠자리 가까이 다가가기 시작했다
나는 허리 굽혀, 거미줄 아래 오솔길 따라
채 해결 안된 사람의 일 속으로 걸어 들어갔다.

무엇이 정답일까? 열아홉 살짜리처럼 잠자리를 도와 살려주어야 할까? 이삼십 대처럼 약육강식의 더러운 꼴이 보기 싫어 거미 줄을 다 끊어버려야 할까? 중년의 사내처럼 자연의 질서를 인정하고 비켜서야 할까? 누가 가장 올바른 판단을 하고 있는 것일까?

지천명을 코앞에 둔 마흔아홉 화자의 생각이 가장 총체성에 가까운 판단일까? 다시 우리는 총체성이라는 과제 앞에 서 있다. 어떻게 풀어야 할까? 먼저 정답이 하나일 거라는 '정답 마인드'부터 버리자. 총체성의 프레임을 적용해보면 어차피 개별자들의 판단에 정답은 없는 것 같다. 얼핏 총체성에 가장 가까워보이는 중년 사내 의 판단, 즉 자연의 질서를 인정하고 옆으로 비켜서는 태도가 정답이라면 총체성 속에는 세상을 뒤바꾸는 새로운 기획이 들어설 자리는

없게 된다.

"진리는 전체다"라는 헤겔의 말을 따라, 굳이 정답이라 한다면 이 시가 그려낸 전체의 모습이 정답에 가까울 것이다. 즉, 열아홉 살에는 잠자리의 편에 서는 것, 이삼십 대에는 기성질서 자체에 반항하는 것, 마흔아홉에는 시스템 전체를 바라보며 질서를 인정하는 것, 그리고 이 모든 개별적 판단들의 역동적 상호작용을 다시 부분으로 삼는 생태계 전체 집합의 균형 자체가 정답일 것이다. 열아홉 살과 스물아홉과 서른아홉과 마흔아홉이 모두 어떤 하나의 '올바른' 판단으로 행동 통일을 하는 것이 정답이 아니라, 각자 자기의 답을 선택하여 인간들 사이에서 차이의 균형을 이루고 다시 인간과 거미와 잠자리와 오솔길을 포함하는 생태계 전체가 '다양성 속의 통일성'을 이루는 것이 정답일 수 있다.

그렇다면 상상 속에서는 이러한 총체적 관점을 취할 수 있지만 현실 속에서는 한 개체에 불과한 개인으로서 우리는 어떻게 행동해야 할까? 개체는 총체를 대신해 행위할 수 없음을 인정하고 각자 나이에 맞는(?) 개별자의 선택에 만족해야 할까? 예컨대 이삼십대는 진보정당을 찍고, 삼사십대는 민주당을 찍고, 오륙십대는 보수정당을 찍으면 되는 것인가? 또는 각자의 부의 수준에 맞게, 각자가 속한 계급적 이익에 따라 투표하면, 그러면 한국이라는 총체적 시스템은 차이를 통한 균형 속에서 보이지 않는 집단지성의 손에 의해 조화롭게 굴러가게 되는 것인가? 이론상 가장 올바른 선택은 개별자가 처한 특수한 상황 속에서 '개별자의 이익'이 아니라 시스템 전체의 역동적 균형에 부합하는 선택을 하는 것이다. 물론 시스템 전체의 역동적 균형에 부합하는 선택이 도대체 무엇인지에 대해서는 다시 의견이 엇갈릴 것이다. 하지만 그것은 특정 개별자의 이익을 극대화하는 선택이거나 어떤 하나의 고정된 선택이 영구불변의 정답이 되는 것은 아닐 것이다. 시기와 상황에 따라서 올바른 선택의 내용은 바뀌겠지만(어쩌면 그것을 '올바르다'고 부르는 것 자체가 적절치 않을 수 있다), 올바른 선택은 항상 총체적 관점에서 이루어지는 선택일 것이다. 총체적 관점은 가치(한계 내부의 유기적 통합)와 의미(자기한계 초월)를 번갈아 추구하면서 역동적 균형을 이루지만, 장기적으로는 더 큰 의미를 추구하는 방향으로 움직인다.

삶의 의미는 그 정의상 '삶을 넘어서는 어떤 것Mehr als Leben'을 추구하는 것이므로, 무한의 관점에 도달하기까지 자기초월의 과정을 거쳐왔고 앞으로 또 거칠 것이다. 처음부터 삶의 의미라는 개념이 있었던 것은 아닐 것이다. 처음에는 그냥 단순한 욕구와 그 욕구 충족만이 있었을 것이다. 이러한 삶의 단순재생산에는 굳이 삶의 의미라고 부를 만한 것이 없다. 단순한 생물학적, 본능적 욕구 충족에서 출발하여 그것을 넘어서는 순간, 즉 더 큰 객관적 가치를 생산하기 위해 자기를 초월하는 순간 비로소 의미라는 현상이 나타난다. 이러한 의미 추구를 통해 자기를 초월하면서 욕망의 단계를 점차 높여왔을 것이다.

데니스 포드Dennis Ford는 《의미 추구에 관한 짧은 역사The Search for Meaning: A Short History》에서 저 옛날 신화의 시대에는 아직 의미에 대한 물음이 발생하지 않았다고 주장한다.[1] 의미는 철학의 시대에 와서야 발생한, 철학이 선점한 질문이라는 것이다.[2] 하지만 최초의 철학자로 알려진 탈레스는 존재의 근원을 물었지만 인생의 의미를 묻지는 않았다. 소크라테스에 와서 "너 자신을 알라"는 인간으로의 회귀가 있었고, 아리스토텔레스에 이르러서야 비로소 인생의 목적을 묻고는 행복이라는 답변을 내놓았지만, 아직 삶의 의미라는 개념은 나타나지 않았다. 에피쿠로스의 쾌락주의나 스토아 학파의 금욕주의도 인생의 목적이라는 개념하에서 삶의 가치를 탐색한 것으로 보인다. 스탠퍼드 대학의 인터넷 철학백과에서 삶의 의미 항목을 보면, 중세 토마스 아퀴나스의 지복의 비전beatific vision이나 근세 칸트의 최고선 개념도 도덕적 가치라는 함의를 가지고 인생의 궁극적 목적을 탐색했지만 그것이 오늘날처럼 '의미'라는 용어로 표현되지는 않았음을 지적하고 있다.[3]

누가 최초로 '인생'과 '의미'를 조합하여 '인생의 의미'라는 말을 만들었을까? 최근의 연구결과에 따르면 18세기말 예나 낭만주의자들로 불리는 피히테와 그의 제자들 사이에 오고 간 독일어 'der Sinn des Lebens'에서 처음 나타났다. 이 문구를 제일 먼저 글로 남긴 사람은 28세에 죽은 시인 노발리스였다. 1797~1798년 사이에 작성된 미출간 원고에서 그는 "오로지 예술가만이 삶의 의미를 간파할 수 있다"라고 썼다. 그리고 1799년에 이 문구는 당대에 논란을 일으킨 슐레겔의 소설 《루친데》의 끝부분에서 재등장한다.[4] '인생의 의미'라는 용어를 철학에서 사용한 최초의 사례는 1818년 출간된 쇼펜하우어의 《의지와 표상으로의 세계》 제2권이며,[5] 영어 'the meaning of life'는 슐레겔과 쇼펜하우어 모두에 정통했던 토머스

칼라일의 소설《의상 철학》을 통해 영국에서 첫선을 보였다. 또한 프랑스어 'le sens de la vie'는 에밀 졸라의 소설《클로드의 고백》(1865)에서 처음 발견된다.[6] 그리고 19세기 후반《안티 크리스트》,《반시대적 고찰》등 니체의 작품과 톨스토이의《고백록》에서 쓰이며 대중적으로도 널리 알려지게 된다. 이처럼 '인생의 의미'는 그 물음의 뿌리는 오래되었지만 그 표현 자체와 뉘앙스는 근대에 와서야 만들어진 역사적으로 특수한 개념으로 보아야 한다.

데니스 포드는 의미 추구의 역사를 개관하면서 신화적 삶의 의미와 철학적 삶의 의미 다음에 과학적 삶의 의미가 나타나는 것으로 본다. 인생의 과학적 의미에서는 "왜가 아니라 어떻게를, 목적이 아니라 기원을, 이유가 아니라 원인"을 묻는다. 그 결과 뉴턴의 물리학은 냉정하고 무목적적이며 기계적인 우주관을 유포했고, 다윈의 생물학은 인간의 기원이 신의 창조가 아니라 단세포 생물로부터의 진화에서 비롯된 것임을 밝혔으며, 프로이트의 심리학은 인간을 이성적 존재가 아닌 무의식적 욕망에 지배되는 비합리적 존재로 격하했다.[7] 이처럼 삶의 의미는 인간의 사상사를 거쳐오면서 종교(또는 신화), 철학 및 과학 분야의 여러 개념들, 예컨대 종교의 신이나 형이상학적 존재의 근원을 비롯하여, 인생의 목적, 도덕적 가치, 허무주의, 생물학적 기원, 욕망 충족 같은 하위 요소들을 흡수하면서 발전해온 개념으로 보인다. 즉 삶의 의미는 불변의 정의definition가 아니라 진화의 과정을 거쳐온 역사적 개념이다. 따라서 삶의 의미가 인간이라는 존재가 존재하는 한 가질 수밖에 없는 보편적인 형이상학적 질문이라는 전제는 잘못된 것이다. 삶의 의미라는 문제는 18세기

말 서양 근대의 특수한 역사적 조건 속에서 생겨난 특수한 질문이라는 관점에서 접근할 필요가 있다. 특히 삶의 의미 개념의 창시자들이 독일 낭만주의 사상가들이었다는 점은, 이 개념이 프랑스 계몽주의의 형이상학적 기반인 결정론적 유물론과 그것이 불러온 허무주의에 반하여 나왔다는 점을 강력히 시사한다.

왜 삶의 의미는 낭만주의를 뿌리로 하는가? 근대과학의 발전과 결정론적 유물론은 신의 죽음을 불러왔고 신의 죽음이 초래한 절대적 가치의 진공상태에서 허무주의에 직면하게 되면서 궁극적 가치로서의 삶의 의미에 대한 요구가 필연적으로 떠오르게 된 것이다. 즉, 삶의 의미는 역사적으로 서양 근대의 신의 죽음에서 비롯된 것이고, 따라서 신을 대체할 만한 가치를 찾는 방식으로 나타나게 된다. (따라서 신을 믿는 사람에게는 삶의 의미라는 개념이 필요 없다. 동어반복일 뿐이므로.) 근대의 가치로 떠오른 행복, 사랑, 예술, 돈, 성공, 국가, 이념, 자아실현 등등이 삶의 의미의 후보들로 등판하였으나 단독 가치로 신을 대체하는 데에는 역부족이었다. 그리하여 현대에 와서는 줄리언 바지니 식의 플레이스홀더placeholder 모델, 즉 다원주의적 의미 모델이 나오게 된다. 즉, 삶의 의미는 역사적 발전 과정에서 존재의 근원, 인생의 목적, 도덕적 가치, 생물학적 원인 같은 형식 체계를 이루고, 그 내용으로 신이나 내세, 초월, 행복, 쾌락, 성공, 이타주의, 대의명분, 해탈, 허무, 사랑 같은 다양한 이질적 요소들을 내부에 하나씩 포함시키면서 더 넓은 의미의 그물망으로 통합된 복합 개념이다.[8] 더구나 이것은 사상사의 관점에서만 본 것이고, 여기에 노직이 앞서 분석한 의도, 중요함, 지시, 교훈 같이 가족유사성이 있는 일상적인 의미들까지 얽혀 있어서 더욱 복잡하다. 이 때문에 삶의 의미 개념을 형성한 다양한 세부 요소들을 인식하지 못하고 단일 개념으로 착각하거나, 거꾸로 세부 요소들 가운데 한 요소로 의미 전체를 설명하려는 본질주의적 접근을 하게 되면 문제의 해결은커녕 문제 자체를 이해하기 힘들게 된다.

그렇다면 다양한 하위 요소들로 구성되어 중의적이기 때문에 오해의 위험이 큰데도 불구하고 왜 애매모호한 삶의 '의미'라는 말을 쓰는 것일까? 차라리 위에서 언급한 세부 요소로 분해하여 인생의 목적, 가치, 원인, 교훈 등 상대적으로 명료한 문장들로 환원하여 사용하는 것이 낫지 않을까? 실제로 삶의 의미라는 개념을 폐기하자는 주장이 있기도 하지만 그렇게 하지 않는 이유는 아마도 현대에 와서 의미가 가진 다양한 계기moment들을 포함하는 이해의 방식이 오히려 인생을 이해하는 데 적합하기 때문일지도 모른다. 인생의 의미라는 용어 자체를 애매모호하다고 판단할 수도 있지만 반대로 내부에 많은 계기들을 가진, 의미가 풍부한 개념으로 볼 수도 있다. 앞서 살펴본 가치의 개념에서처럼, 내부에 더 많은 이질적 요소들을 품으면서 더 큰 가치로 통합된 것으로 말이다. 돈이든 성공이든, 신이든 행복이든, 이타주의든 대의명분이든 역사의 단계마다 인간들이 새로운 가치의 경로를 탐색하여 가지치기를 통해 뻗어나간 의미의 계통수 전체를 파악해야 한다. 새로운 경로가 발견될 때마다 인생의 의미는 더욱 다양해지고 풍부해진다. 마치 진화생물학자 스티븐 제이 굴드Stephen Jay Gould가 말하는 생명 다양성의 풀 하우스full house 의 개념처럼 인생의 의미는 더 많은 이질적 요소들을 내부의 계기로 포함하고, 더 커다란 가치의 그 물망을 엮어가면서 복잡 다양해진다. 이렇게 풍부해진 삶의 의미는 더 이상 한 개인이나 소집단의 수준에서 실현할 수 있는 범위를 넘어서 있어서 오직 인류 공동체 단위로만 총체적으로 접근할 수 있게 되었는지도 모른다. (줄리언 바지니는 의미 추구가 본질적으로 개인적인 사안이라고 했지만, 이제 개인은 의미의 산맥 가운데 몇 군데 등반로만 탐색할 수 있을 뿐이다.) 모순의 지양을 통한 변증법적 발전 과정을 거치면서 인생의 의미는 개인적, 사회적, 역사적, 생태적, 우주적으로 가치의 그물망을 촘촘히 엮으면서 전개될 것이다. 그리고 궁극적으로는 인류의 한계를 넘어선 존재를 지향할 것이다(트랜스휴머니즘, 포스트휴머니즘).

그렇다면 삶의 의미를 깨달은 이의 삶은 어떻게 될까? 삶의 의미를 깨닫는다고 큰 변화가 일어나지는 않는다. 행복해지지도 않는다. 깨달은 사람은 행복해지는 게 아니라 명료해진다. 삶의 의미를 깨달았다고 삶의 고통이 사라지는 것이 아니다. 불명확한 고통이 명료한 고통으로 바뀐다. 문제는 해결되지도 해소되지도 않는다. 문제가 뚜렷해진다. 비유하자면 숨어 있던 적이 눈앞에 드러나게 된 것과 같다. 적이 눈앞에 드러났다고 적이 사라진 것이 아니듯, 고통의 의미를 깨달았다고 고통이 사라지지는 않는다. 다만 고통에 휘둘리지 않을 수 있다. 문제에 압도되지 않고, 문제를 통제할 수 있다. 삶의 의미를 깨닫는다고 죽음에 대한 두려움이 사라지는 것은 아니다. 다만 죽음에 대한 두려움이 이성을 마비시키는 것은 극복할 수 있다. 최소한 자살 충동에서는 벗어날 수 있다. 죽음에 대한 두려움을 없애려면 깨닫는 게 아니라 뇌의 우측 편도체를 제거하는 수술을 해야 할 것이다.

    삶의 의미에 대한 깨달음을 실천에 옮긴다면 어떠한 삶의 방식으로 나타날까? 의미의 요소 가운데 어느 하나의 관점을 절대화하여 고수하기보다는 총체성에 근접한 판단을 내리려 하지 않을까? 아마도 그는 벌레의 시선으로 모든 존재하는 것들과 연대감을 느낄 수 있고("별을 노래하는 마음으로 모든 죽어가는 것을 사랑해야지"), 인간의 관점으로 일상 속에서 현실적인 가치를 긍정하고 최선을 다할 수 있으며, 역사의 관점에서 작은 나를 버리고 대의명분의 편에 서면서도, 우주적 관점에서 인간 세상의 승패 결과에 집착하지 않고 한바탕 웃음 속에 표표히 떠나갈 수 있는 사람滄海一笑일 것이다. 삶의 궁극적 허무를 인식하고 있음에도 그 허무로부터 어떤 인위적인 결론을 끌어내기보다는, 그 허무 또한 이 세계의 총체성을 구성하는 일부라는 점, 세계가 스스로 그러할 뿐道法自然이라는 사실을 의연하게 바라보면서, 다양한 관점 이동의 초식을 자유자재로 구사하는 사람이야말로 삶의 의미를 온전히 체득했다 할 수 있겠다. 이 사람은 아리스토텔레스가 말하는 관조하는 철학자의 모습보다는, 좀 더 적극적인 '달관한 실천가'의 모습에 가깝지 않을까?

    이 실천적 달관자는 전통적인 동양의 현자(노장이 말하는 무위의 달관자나 히말라야의 구도자)와 다르다. 마치 자기가 궁극적 존재라도 된 듯 수동적 관조에 머무르기보다는, 현실적 가치의 궁극적 허무함을 인지하고 있음에도 유한한 존재라는 자각 속에서 현실적 가치의 실현을 위해 최선을 다할 것이다. 아마도 그는 우리 보통 사람들과는 달리 두려움이나 눈물 속에서 죽음을 맞이하지는 않을 것 같다. 카뮈의 실존적 영웅처럼 분노 속에서 세상을 향해 주먹질을 하며 죽지도 않을 것 같다. 미첼 헤스먼처럼 삶의 자연스런 기승전결을 급작스럽게 폭력적으로 중단하지도 않을 것 같다. 물리학자 로버트 에틴거처럼 불멸을 꿈꾸며 냉동인간이 되는 길을 택하지도 않을 것 같다. 100세의 생일을 맞이하여 "나는 더 이상 먹지 않으려고 합니다"라고 선언한 후 한달간 단식 끝에 아내의 손을 잡은 채 맑은 정신으로 "좋아"라고 말하고는 나무에서 마른 잎 하나 떨어지듯 평온히 떠나간 스콧 니어링의 죽음이 실천적 달관의 모델에 가장 가깝지 않을까?

후기

    1980년대 중반 내가 철학과를 지망했을 때를 돌이켜보면 인생
의 문제에 대한 어떤 해결책을 얻을 수 있지 않을까 하는 막연한 희
망을 품고 있었던 걸로 기억한다. 아무래도 그 무렵의 '일부' 고등학
생들에게 카뮈나 사르트르의 실존주의 철학의 영향이 컸던 시기라
서 그랬던 것 같다. 그런데 막상 대학에 들어가서 보니 실존주의는
유행이 지나간 지 한참 되었고, 강단 철학의 주류는 개념의 명료화
를 철학의 본령으로 삼는 비트겐슈타인의 분석철학이었다. 여기서
삶의 의미 같은 주제는 사이비 문제로 치부하는 분위기였기 때문에
적잖이 실망스러웠다. 철학이 인생의 문제를 다룬다고 생각하는 것
은 마치 철학을 사주팔자나 점을 보는 일로 아는 사람과 마찬가지로
번지수를 잘못 찾은 것으로 취급 받을 정도였다. 제도권 철학의 반
대편에는 군부독재의 끄트머리라는 시대상황을 반영하여, 학생들을
주축으로 마르크스주의가 세를 떨치고 있었다. 여기서는 세계를 변
혁하는 것이 가장 중요한 철학의 과제라고 보았기 때문에 인생의 문
제 따위는 한가한 부르주아의 개인주의적 관념 놀음으로 폄하되고
있었다. 마르크스주의에 심취한 일부 학생 가운데는 자본주의 사회
의 모순이 철폐된 공산주의 사회에서는 개인의 인생 문제도 깔끔하

게 해결된다는 황당한 논리를 신봉하는 이들도 있었다. 이들은《독일 이데올로기》에서 마르크스가 언급한 "아침에는 사냥을 하고 오후에 낚시하고 저녁에는 가축을 돌본 다음 책을 읽고 비평을 할 수 있다"는 한 마디를 가지고 이런 세상에서라면 인생의 문제가 사라지지 않겠는가 하는 순진한 생각을 하고 있었던 것이다.

학부를 끝으로 철학 공부를 접고 생업에 종사하면서 형이상학적인 인생의 문제는 어디론가 사라지고 현실적인 삶의 문제들이 전면에 등장했다. 인생의 문제가 아니라 생활의 문제를 해결하기 위해 분투하는 과정에서, 자본주의 사회의 '경세의 학문'인 경영학의 필요성을 느껴 MBA를 취득하기도 했다. 마흔이 넘어 가정을 이루고 바둑으로 치면 굶어 죽지 않을 정도의 최소한인 두 점 집을 지었다는 생각이 들 즈음, 그동안 잊고 지내던 삶의 의미라는 주제를 다시 떠올리게 되었다. 20여 년 전 시작해 놓고 끝장을 보지 못해 개운하지 못한 감정이 남아 있었던 것 같다. 그래서 잠시 대학원 진학을 염두에 두며 서울대학교에서 이석재 교수의 근세철학 세미나를 청강하기도 했다. 버클리의 지각 이론을 둘러싼 논리의 정밀 세공이 혀를 내두를 정도로 치밀하고 정교했지만, 내가 궁금해하는 문제를 해결하는 데 직접적인 도움이 될 것인지를 곰곰이 따져보니 부정적인 결론이 나왔다. 사실 철학을 직업으로 삼지 않는다면, 카뮈가 말한 대로 인생의 문제를 제외한 나머지 철학적 문제는 그 발생과 중요성에서 볼 때 파생 상품에 지나지 않는 것이 아닐는지. 예컨대 버클리의 "존재는 지각된 것이다"라는 명제로부터 인생의 문제에 대한 해답을 얻기 위해선 너무나 멀고 게다가 기약도 없는 길을 우회해야 한다. 더

구나 이때쯤 해서는 철학만으로 삶의 의미의 전모를 파악할 수는 없고 대략적인 스케치만 얻을 수 있을 것이라는 생각에 이르렀다(물론 그것만 해도 상당한 성과겠지만).

그러던 중 삶의 의미를 다룬 줄리언 바지니의 《빅 퀘스천》을 번역하면서 1980년대 중반부터 영미 철학계에서 삶의 의미에 대한 연구가 본격적으로 이뤄지고 있으며, 관련 논문을 엮은 단행본들도 여러 권 나와 있음을 알게 되었다. 과학철학계에서 유명한 토머스 네이글이나 정치철학 분야의 스타급 철학자인 로버트 노직도 인생의 의미에 대한 중요한 저작을 남겼는데, 국내에서는 이런 흐름이 아직 대중적으로 소개되지 않은 것으로 보인다. 시중에서 잘 팔리는 대중 철학서를 보면 인간다운 삶을 모색하는 인문 교양의 제고라는 취지에서 주요 철학자들의 사상을 요약 정리한 책들이 많은 것 같다. 하지만 이런 책들은 교양이나 읽는 즐거움을 위한 것이어서 삶의 의미 문제와 직접적인 연관은 찾기 힘들었다. 인문학이야말로 인간의 본질을 탐구하기 때문에 인생의 의미와 가장 관련이 높을 것으로 보이지만, 막상 삶의 의미를 정면으로 다룬 책을 찾아보면 그리 많지 않다. 인문학과 인생의 의미 사이의 관계는 마치 고등학교 시절 수학을 알아야 논리적 사고를 할 수 있다는 수학 교사들의 주장처럼 미약한 인과관계를 침소봉대한 것이 아닌가 하는 생각이 든다.

이러한 불만이 있었기 때문에 이 책에서는 단도직입적으로 삶의 의미 문제와 정면승부하려 했다. 오직 이 문제 하나만을 붙들고 씨름했다. 리처드 테일러가 《선과 악》에서 논의한 시지프스의 주관주의적 의미론과 로버트 노직이 《철학적 설명》에 전개한 객관주의적 의미론을 양대 축으로 삼고 영미 철학계에서 발표된 여러 논문들을 참조하였다. 이들을 변증법적으로 종합하여 '주관적 만족과 객관적 가치의 확대재생산을 통한 존재의 완성'이라는 삶의 의미 체계를 정리할 수 있었다. 여기서 세부 논리가 더 정교화될 수 있겠지만 기본 프레임은 제대로 잡았다는 확신이 든다. 예를 들자면, 줄리언 바지니는 신, 이타주의, 대의명분, 행복, 성공, 쾌락주의, 해탈, 허무주의, 사랑 등 9가지를 삶의 의미 후보로 검토한 바 있다. 하지만 이것이 여러 가치들을 단순 나열한 것에 불과했다면, 이 책에서 도출한 프레임은 이러한 상이한 가치들 사이의 관계를 드러내고 이들을 유기적으로 통합할 수 있다.

이 책을 읽는 독자 가운데는 왜 이리 의문문이 많은지 궁금해 할 분들이 있을 것 같다. 어떤 곳은 예닐곱 개의 질문들이 연속으로 나오기도 한다. 그 이유를 변명하자면 첫째는 이 책이 크게 빚지고 있는 로버트 노직의 《철학적 설명》에 대한 오마주다. 노직을 여러 군데 인용하면서 그의 스타일을 따라 한 측면이 있다. 둘째는 이 책을 쓸 때 사전에 결론을 다 낸 다음 정리한 것이 아니기 때문에 각 단계에서 내가 떠올린 의문의 궤적들이 자연스럽게 드러난 측면이 있다. 3장을 끝마쳤을 때 4장이 어떻게 될지, 4장을 마쳤을 때 5장이 어떻게 결론이 날지 모르는 상황에서 꼬리를 물고 이어지는 의문들을 하나씩 풀어가며 쓴 과정이 나타난 것이다. 셋째 요즘 대중 철학서들이 철학적 사유를 보여주기보다 중간 과정을 생략한 채 결론만을 요약하여 제시하는 방식인 것과 차별화하자는 의도가 있었다. '철학함'으로서의 철학을 보여준다는 취지에서 일부러 질문들을 생으로 드러내면서 쓴 측면이 있다. 이러한 형식적 낯설음을 넘어서면 내용을 이해하는 데는 큰 어려움이 없을 것이다.

이 책을 쓰면서 삶의 의미라는 오래된 질문에 대해 개인적으로는 만족스런 답변을 얻을 수 있었다. 물론 철학적 엄밀성을 따지자면 더 보완될 필요가 있겠지만, 생활인으로서 앞으로 인생의 방향을 잡고 실행하는 데에는 이것으로 충분하다. 어쩌면 인생의 의미에 대한 필요 이상의 지식 추구는 실천을 미루기 위해 더욱 알려고 발버둥치는 도피적 태도일 수도 있다. 만일 내가 스무 살에 이 정도로 삶의 의미를 알 수 있었다면, 굳이 철학과에 들어가지 않았을 것이라는 생각이 든다. 어쩌면 이 책은 과거의 나처럼 막연히 인생의 문제에 대한 답을 얻기 위해 철학과를 지망하려는 학생들을 다른 길로 안내하는 책이 될지도 모르겠다.

후기

굿바이 카뮈, 굿바이 청춘

이현우(필명 '로쟈')

굿바이 카뮈? 그런 의문과 함께 책을 손에 든 독자도 있을 듯싶다. 사실 카뮈와 작별인사를 하려면 먼저 카뮈와의 만남이 있어야 하는 것 아닌가. 어떤 카뮈인가? 당신은 카뮈를 만난 적이 있는가? 《이방인》과 《시지프 신화》의 저자 알베르 카뮈 말이다. 그는 단도직입적으로 이렇게 말했었다. 자살이야말로 유일한 철학적 문제라고. 그것은 인생의 의미에 관한 다급한 문제 제기였다. 인생이 살 만한 가치가 있느냐, 없느냐를 판단하는 것이 가장 중요한 철학적 물음이라고 젊은 카뮈는 말했다. 누구에게? 젊은 우리에게!

돌이켜보면 1980년대 중반, 우리는 젊었다. 《굿바이 카뮈》의 저자 이윤과는 책으로만 대면했을 뿐이지만, 80년대 중반 대학 철학과에 들어갔다는 고백으로 보아 비슷한 연배이고 같은 세대다. '우리'라고 말해도 무방하다면, 우리의 청춘은 일주일에 한두 번씩 최루탄이 터지던 교정과 거리에서 꽃이 피는 듯 마는 듯 지나가버렸다. 스러지기도 하고 밟히기도 했다. 그렇다고 '청춘의 고민'마저 생략할 수는 없었다. 왜 사느냐는 것. 요즘에야 알게 됐지만 우리는 인생을 살면서 그런 질문을 세 번쯤 던진다. 갓 스무 살이 될 무렵에, 중년에, 그리고 노년에. 저자 또한 이렇게 말한다. "1980년대 중반 내가 철학과를 지망했을 때를 돌이켜보면 인생의 문제에 대한 어떤 해결책을 얻을 수 있지 않을까 하는 막연한 희망을 품고 있었던 걸로 기억한다." 그것이 말하자면 '제1라운드'이다.

철학 대신에 문학을 전공으로 선택하긴 했지만 '인생의 문제'에 대한 고민은 나도 마찬가지였다. 대학 첫 학기에 문학개론과 함께 철학개론을 아주 당연하다는 듯이 수강과목으로 신청했던 기억이 난다. 철학개론은 나중에 종교학개론으로 변경해서 신청하긴 했다. 이유는 인생의 의미에 대해서 더 직접적으로 이야기해줄 듯싶어서였다. 왜 사는지에 대해서. 고민도 심하면 병이다. 친구에게 "너는 왜 죽지 않니?"라고 물었던 걸 보면 인생의 의미에 대해 병적으로 집착한 게 아닌가 싶다. 어차피 유한한 삶이라면 인생이 허무했다. 아니 허무해 보였다. 학생생활연구소에 상담을 받으러 다니며 세계의 '원초적 적의'에 대해서 떠들기도 했다. 무엇이 문제였을까.

당신은 혹 이런 문장들에 매혹된 적이 있는가. 《시지프 신화》에 나오는 대목이다. "무대장치들이 문득 붕괴되는 일이 있다. 아침에 기상, 전차를 타고 출근, 사무실 혹은 공장에서 보내는 네 시간, 식사, 전차, 네 시간의 노동, 식사, 수면 그리고 똑같은 리듬으로 반복되는 월·화·수·목·금·토, 이 행로는 대개의 경우 어렵지 않게 이어진다. 다만 어느 날 문득, '왜?'라는 의문이 솟아오르고 놀라움이 동반된 권태의 느낌 속에서 모든 일이 시작된다." 사무실에 다닌 것도, 공장에 다닌 것도 아니었지만, 고작해야 대학 강의실에 출석하는 정도였지만, 내게도 '왜'라는 의문은 수시로 고개를 들었다. 그게 아마

도 '우리'가 인생의 문제와 조우한 첫번째 장면일 듯싶다. 우리는 카
뮈와 그렇게 만났다.

청춘의 열병을 앓아본 이라면 누구나 한 번쯤 인생의 의미에 대
해 골몰할 수 있다. 하지만 병적인 집착은 다른 문제다. 왜 하필 인생
의 의미에 대해서 우리는 그토록 관심을 갖게 됐을까. 아무래도 그
무렵의 '일부' 고등학생들에게 카뮈나 사르트르가 끼친 실존주의 철
학의 영향이 크지 않았나라는 게 저자의 진단이다. 맞는 말이다. 그 '
일부'에 나도 포함됐던 것이고. 우리는 어쩌면 실존주의 세례를 입은
마지막 세대일지도 모른다. 고등학교 시절에 카뮈와 사르트르를 읽
고, 대학에 다니기 위해 상경할 때 가방에 《시지프 신화》와 함께 《실
존주의는 휴머니즘이다》를 챙기던 세대 말이다. 아무튼 그랬다. 그런
시절이 있었다. 머릿속에서 '존재', '무', '부조리', '구토', '실존', '책임'
같은 유행어들이 치어들처럼 헤집고 다니던 시절이 있었다.

그리고 한 세월이 지났다. 그 치어들이 이젠 좀 묵직해졌을까.
저자는 학부를 끝으로 철학 공부를 접고 생업에 종사하면서 형이상
학적 문제 대신에 현실적인 삶의 문제와 씨름했다고 한다. 나는 대학
원에 진학해 계속 문학을 공부하면서 '자유'니 '의미'니 하는 문제와
씨름했다. 고민했던 문제를 좀 더 명료하고 정확하게 정의하기 위해
서 스키너를 읽고, 푸코를 읽고, 도킨스를 읽었다. 진화심리학을 읽
고 정신분석학을 읽었다. 나는 인간이 어디까지 부자유한가, 그래서
어디서부터 자유로운가를 알고 싶었고, 궁극적으로는 인생의 의미
에 대해 알고 싶었다. 생활의 문제에 대해 별로 고민하지 않았고 직
업을 가지겠다는 생각은 아주 뒷전이었다. 문학을 전공으로 택한 것

부터가 이런 앎의 욕구 때문이었으니, 인생의 문제 주변을 내내 맴돌고 있었다고 해도 무방하다.

그러다 인연이 닿아 필로소픽 출판사에서 '인생의 의미Meaning of Life' 시리즈 첫 권으로 나온 줄리언 바지니의 《빅 퀘스천》에 해제를 붙였다. 공역자였던 이윤의 〈옮긴이 후기〉를 유심히 읽고, 예사로운 공력이 아니라는 인상을 받았다. 아니나 다를까 그가 《굿바이 카뮈》를 들고 나타났다. 인생의 의미에 대한 오랜 갈증과 탐문을 '철학함'의 자세로 정리한 책이다. 생활의 문제를 해결하느라 제쳐놓았다고는 하지만, 철학에 대한 녹슬지 않은 관심과 예리한 논리로 무장하고서 '삶의 의미를 찾는 시지프스의 생각 여행'을 안내한다. 인생의 의미에 대한 중년의 관심을 '제2라운드'라고 하면, 이 책은 그 제2라운드의 결과보고서이다. 그가 도달한 '만족스런 답변'은 무엇인가. 삶의 의미란 "더 큰 객관적 가치를 향한 자기초월적 과정"이라는 것이다. 조금 더 풀어서 말하면 "삶의 의미는 더 넓은 가치의 연결망 속에서 자기 한계를 초월하는 것이다." '굿바이 카뮈'란 말이 뜻하는 것은 카뮈란 말로 상징되는 철학적 고민과의 작별이다. 바로 삶의 의미, 인생의 의미에 대한 물음과의 작별이다. 이 문제를 두고 저자는 영어권 철학자들의 논의를 참고하여 면밀하고 체계적으로 대답하고자 한다. 아마도 이런 스타일은 개념의 명료화를 지향했던 비트겐슈타인과 분석철학의 영향에 힘입은 것인지도 모른다. 비록 분석철학에서는 보통 삶의 의미와 같은 실존주의적 물음을 문제로 성립할 수 없는, 되지도 않는 문제로 기각하지만, 저자는 그들의 논리를 지렛대로 삼아서 삶의 의미라는 바위, 매번 다시 굴러 떨어지던 시지프스의 바위를 산 정상에 올려놓고자 한다. 저자는 성공한 것일까. 그는 이렇게 말한다. "만일 내가 스무 살에 이 정도로 삶의 의미를 알 수 있었다면, 굳이 철학과에 들어가지 않았을 것이라는 생각이 든다." 얼핏 《논리철학논고》를 통해서 모든 철학적 문제를 해소했다고 자부한 비트겐슈타인의 자신감을 떠올리게 한다.

의미를 보는 다른 시각도 물론 가능하다. 가령 삶의 의미는 인식의 대상이 아니라 실천의 대상이라고 보는 관점이다. 아니 행위이고 운동이며 실천 자체라고 보는 관점이다. 어떤 사람의 행위를 제3자적 시점에서 인식과 평가의 대상으로 하는 것은 행위의 주체가 주관적 시점에서 경험하고 실천하는, 고유한 '자유'와 '의미'를 정량적이고 범주적인 것으로 환원하여 인식 가능하고 이해 가능한 것으로 만드는 일이다. 따라서 인식의 대상이 되는 자유와 의미는 파닥파닥 뛰는 '생생한' 자유, '살아 있는'의미가 아니다. '유레카'라는 발견의 기쁨이나 우리가 각자 삶의 어느 순간 체험하는 환희가 다른 사람에게 잘 전달되지 않거나 미흡하게만 전달되는 이유다.

바로 그런 관점에서 삶의 의미와의 씨름, '제2라운드'를 눈여겨본 소감을 적자면, 이 씨름에서 승패는 중요하지 않다. 《굿바이 카뮈》의 '의미'는 저자가 도달한 결론보다도 그 결론에 이르는 과정에 있는 듯싶다. 중요한 것은 '철학'이 아니라 '철학함'이라는 말은 삶의 의미란 문제에도 그대로 적용되지 않을까 싶은 것이다. '일부'이긴 하더라도 저자와 마찬가지로 삶의 의미에 대해 의문을 품고 뭔가 정면승부를 해보고 싶었던 독자라면 저자의 '생각 여행'에 동행하면서 예기치 않은 즐거움과 깨달음을 얻을 수 있을 것이다. 물론 모든 의문이 다 해소되지 않을지도 모른다. 우리는 때가 되면 다시 가방을 싸고 신발끈을 바짝 묶어야 할지도 모른다. 우리는 노년에, 그러니까 '제3라운드'에서 한 번 더 조우하게 될지도 모른다. "가슴 속에 새겨지는 별들을 이제 다 세지 못하는 것은 아직 나의 청춘이 다하지 않은 까닭"이라고 이제는 적지 못한다. 우리의 청춘은 지나갔다. 굿바이 청춘! 그렇지만 우리의 인생이 다하지 않는 한, 인생의 의미에 대한 물음 또한 종결되지 않을 것이다. 카뮈와 작별하고도 인생은 한동안, 어쩌면 오래 더 지속될 테니까 말이다.

| 주 |

프롤로그

1. 가미야 미에코, 《삶의 보람에 대하여》, 10쪽.

1장. 인생은 과연 무의미할까?

1. 여기서 '철학적 자살'은 허무주의적 전제에서 도출되는 논리적 결론으로서의 자살을 지칭하는 필자의 용어이며, 카뮈는 《시지프 신화》에서 '철학적 자살'을 종교적인 비약에 의존하려는 키르케고르의 실존적 태도를 지칭하는 특수한 의미로 사용했다. (알베르 카뮈, 《시지프 신화》, 66쪽.)

2. Richard Hare, 〈Nothing Matters〉, *Life, Death, & Meaning*, 44쪽.

3. 알베르 카뮈, 《시지프 신화》, 185쪽.

2장. 시지프스 구하기

1. 버트런드 러셀, 《서양철학사》, 667쪽.

2. 대니얼 데닛, 《자유는 진화한다》, 246쪽.

3. 송영배, 《중국사회사상사》, 111~116쪽.

4. Raymond Angelo Belliotti, *What is the Meaning of Human Life*, 61쪽.

3장. 무엇이 삶의 의미인가?

1. 폴 벤느, 《그리스인들은 신화를 믿었는가?》, 67쪽.

2. 비트겐슈타인, 《논리철학논고》, 274~275쪽.

3. 줄리언 바지니, 《빅 퀘스천》, 78~79쪽.

4. 로버트 에틴거, 《냉동 인간》, 240쪽.

5. 줄리언 바지니, 《유쾌한 딜레마 여행》, 76~77쪽.

6. 세네카, 《인생이 왜 짧은가?》, 8쪽.

7. 조지 베일런트, 《행복의 조건》, 72쪽.

8. 알베르 카뮈, 《시지프 신화》, 39쪽.

9. 최성호, 《인간의 우주적 초라함과 삶의 부조리에 대하여》, 44쪽.

10. 알베르 카뮈, 《시지프 신화》, 47쪽.

11. 같은 책, 52쪽.

12. 같은 책, 52쪽.

13. 같은 책, 80쪽.

14. 같은 책, 22쪽.

15. 같은 책, 54쪽.

16. 같은 책, 34쪽.

17. 최성호, 《인간의 우주적 초라함과 삶의 부조리에 대하여》, 160쪽.

18. 같은 책, 160쪽.

19. 같은 책, 176-177쪽.

20. Thomas Nagel, 〈The Absurd〉, *Life, Death, & Meaning*, 32쪽.

21. 줄리언 바지니, 《빅 퀘스천》, 203쪽.

22. 가미야 미에코, 《삶의 보람에 대하여》, 209쪽.

23. 대린 맥마흔, 《행복의 역사》, 441~442쪽.

4장. 더 커다란 의미를 위하여

1. 로버트 노직, 《인생의 끈》, 179쪽.

2. W. D. Joske, 〈Philosophy and the Meaning of Life〉, *Life, Death, & Meaning*, 54쪽.

3. 임석민, 《돈의 철학》, 361쪽.

4. 박석, 《명상 길라잡이》, 383~386쪽.

5. 가미야 미에코, 《삶의 보람에 대하여》, 30쪽.

6. 같은 책, 68쪽.

7. 정범모, 《인간의 자아실현》, 정범모, 67쪽.

8. 폴 새가드, 《뇌와 삶의 의미》, 253쪽.

9. 노베르트 엘리아스, 《죽어가는 자의 고독》, 70~74쪽.

10. 가미야 미에코, 《삶의 보람에 대하여》, 19쪽.

11. 정범모, 《인간의 자아실현》, 8쪽.

12. 가미야 미에코, 《삶의 보람에 대하여》, 82쪽.

13. 피터 싱어, 《삶과 죽음》, 209쪽.

5장. 의미와 무의미를 넘어서

1. W. D. Joske, 〈Philosophy and the Meaning of Life〉, *Life, Death, & Meaning*, 52쪽.

2. Jesse Bering, *The Belief Instinct: The Psychology of Souls, Destiny, and the Meaning of Life*.

3. 가미야 미에코, 《삶의 보람에 대하여》, 37~38쪽.

4. 로버트 노직, 《인생의 끈》, 416쪽.

5. Robert Nozick, *Philosophical Explanations*, 571쪽.

6. David Schmidtz, 〈The Meanings of Life〉, *Life, Death, & Meaning*, 94~95쪽.

7. 김용옥, 《동양학 어떻게 할 것인가?》, 325쪽.

8. 줄리언 바지니, 《빅 퀘스천》, 16쪽.

9. Joshua P. Hochschild, 〈John Paul II's Gamble with 'the Meaning of Life〉 참조.

10. 박이문, 《행복한 허무주의자의 열정》, 1부 6장 〈인생 텍스트론〉 참조.

11. 임석민, 《돈의 철학》, 314~315쪽.

12. 제임스 러브록, 《가이아》, 217쪽.

13 정범모, 《인간의 자아실현》, 185쪽.

14. 로버트 노직, 《인생의 끈》, 415~423쪽.

15. 대니얼 데닛, 《자유는 진화한다》, 206~207쪽.

16. Robert Nozick, *Philosophical Explanations*, 596쪽.

17. 가미야 미에코, 《삶의 보람에 대하여》, 38쪽.

18. 줄리언 바지니, 《빅 퀘스천》, 205쪽.

19. 같은 책, 212~213쪽.

20. 폴 새가드, 《뇌와 삶의 의미》, 230~231쪽.

21. 같은 책, 228~229쪽.

22. 로버트 노직, 《인생의 끈》, 594쪽.

23. 피터 싱어, 《이렇게 살아가도 괜찮은가》, 329쪽.

24. Roy F. Baumeister, 《인생의 의미》, 174~176쪽.

맺음말

1. Dennis Ford, *The Search for Meaning: A Short History*, 48쪽.

2. 같은 책, 74쪽.

3. http://plato.stanford.edu/entries/life-meaning

4. Stephen Leach and James Tartaglia (ed.), *Meaning of Life and Great Philosophers*, 276쪽.

5. Joshua P. Hochschild, 〈John Paul II's Gamble with 'the Meaning of Life'〉, in *Studia Gilsoniana 10*, no. 3 (July–September 2021), 494쪽.

6. 같은 책, 495쪽..

7. Dennis Ford, *The Search for Meaning: A Short History*, 94쪽.

8. 줄리언 바지니는 《빅 퀘스천》에서 인생의 의미를 시간 축으로 과거의 기원과 미래의 목적으로 구분하고, 신앙, 이타주의, 대의명분, 행복, 성공, 쾌락주의, 해탈, 허무주의, 사랑 등 아홉 가지 세부 항목을 주요 후보로 검토한 바 있다.

| 참고문헌 |

- Belliotti, Raymond Angelo, *What is the Meaning of Human Life*, Rodopi, 2001.
- Berring, Jesse, *The Belief Instinct*, W.W.Norton, 2011.
- Eagleton, Terry, *The Meaning of Life*, Oxford University Press, 2007.
- Feinberg, Joel, 〈Absurd Self-Fulfillment〉 in E.D. Klemke (ed.), *The Meaning of Life*, Oxford University Press, 2008.
- Ford, Dennis, *The Search for Meaning: A Short History*, University of California Press, 2007.
- Hare, Richard, 〈Nothing Matters〉 in David Benatar (ed.), *Life, Death, & Meaning*, Rowman & Littlefield Publishers, Inc., 2010.
- Hochschild, Joshua P., 〈John Paul II's Gamble with 'the Meaning of Life'〉, *Studia Gilsoniana 10*, no. 3 (July–September 2021).
- Joske, W. D., 〈Philosophy and the Meaning of Life〉 in David Benatar (ed.), *Life, Death, & Meaning*, Rowman & Littlefield Publishers, Inc., 2010.
- Leach, Stephen and Tartaglia, James (ed.), *Meaning of Life and Great Philosophers*, Routledge, 2018.
- Nagel, Thomas, 〈The Absurd〉 in David Benatar (ed.), *Life, Death, & Meaning*, Rowman & Littlefield Publishers, Inc., 2010.
- Nietzsche, Friedrich, *The Anti-Christ*, Wilder Publications, 2008.
- Nozick, Robert, *Philosophical Explanations*, Belknap Harvard, 1981.

- Schmidtz, David, 〈The Meanings of Life〉 in David Benatar (ed.), *Life, Death, & Meaning*, Rowman & Littlefield Publishers, Inc., 2010.
- Taylor, Richard, *Good and Evil*, Prometheus books, 1984.
- Wolf, Susan, *Meaning in Life and Why It Matters*, Princeton University Press, 2010.
- 가미야 미에코, 《삶의 보람에 대하여》, 필로소픽, 2011.
- 김용옥, 《동양학 어떻게 할 것인가?》, 통나무, 1988.
- 노베르트 엘리아스, 《죽어가는 자의 고독》, 문학동네, 1999.
- 대니얼 데닛, 《자유는 진화한다》, 동녘, 2009.
- 대린 맥마흔, 《행복의 역사》, 살림, 2008.
- 라인홀트 메스너, 《검은 고독 흰 고독》, 이레, 2007.
- 로버트 노직, 《인생의 끈》, 소학사 1993.
- 로버트 에틴거, 《냉동 인간》, 김영사, 2011.
- 박민규, 《죽은 왕녀를 위한 파반느》, 예담, 2009.
- 박석, 《명상 길라잡이》, 도솔, 2003.
- 박이문, 《행복한 허무주의자의 열정》, 미다스북스, 2005.
- 버트런드 러셀, 《서양철학사》, 집문당, 1985.
- 비트겐슈타인, 《논리철학논고》, 정음사, 1987.
- 세네카, 《인생이 왜 짧은가?》, 숲, 2005.
- 송영배, 《중국사회사상사》, 한길사, 1986.
- 스티븐 제이 굴드, 《풀하우스》, 사이언스북스, 2002.
- 아브라함 H. 매슬로, 《존재의 심리학》, 문예출판사, 2005.
- 알베르 카뮈, 《시지프 신화》, 책세상, 1997.
- 임석민, 《돈의 철학》, 나남, 2010.
- 장석주, 《붉디 붉은 호랑이》, 애지, 2005.
- 정범모, 《인간의 자아실현》, 나남출판, 2005.
- 제임스 러브록, 《가이아》, 갈라파고스, 2003.
- 조지 베일런트, 《행복의 조건》, 프런티어, 2010.

참고문헌

■ 줄리언 바지니, 《빅 퀘스천》, 필로소픽, 2007.

■ 줄리언 바지니, 《유쾌한 딜레마 여행》, 한겨레출판, 2011.

■ 질 볼트 테일러, 《긍정의 뇌》, 월북, 2010.

■ 최성호, 《인간의 우주적 초라함과 삶의 부조리에 대하여》, 필로소픽, 2019.

■ 폴 벤느, 《그리스인들은 신화를 믿었는가?》, 필로소픽, 2023.

■ 폴 새가드, 《뇌와 삶의 의미》, 필로소픽, 2011.

■ 피터 싱어, 《삶과 죽음》, 철학과현실사, 2003.

■ 피터 싱어, 《이렇게 살아가도 괜찮은가》, 세종서적, 2003.

■ 헬렌 니어링, 《아름다운 삶, 사랑 그리고 마무리》, 보리, 2002.

■ Roy F. Baumeister, 《인생의 의미》, 원미사, 2010.

굿바이 카뮈

초 판 1쇄 발행 | 2012년 1월 20일
개정판 1쇄 발행 | 2023년 6월 30일

지은이 | 이윤
펴낸이 | 이은성
펴낸곳 | 필로소픽
편 집 | 구윤희, 김하종
디자인 | 최승협

주소 | 서울시 종로구 창덕궁길 29-38, 4~5층
전화 | (02)883 - 9774
팩스 | (02)883 - 3496
이메일 | philosophik@naver.comt
등록번호 | 제2021-000133호

ISBN 979-11-5783-294-1 03100

필로소픽은 푸른 커뮤니케이션의 출판 브랜드입니다.